英汉对比视角下英语教学研究

鄢克非◎著

吉林出版集团股份有限公司
全国百佳图书出版单位

图书在版编目（CIP）数据

英汉对比视角下英语教学研究 / 鄢克非著 . -- 长春：吉林出版集团股份有限公司 , 2023.3

ISBN 978-7-5731-3117-1

Ⅰ . ①英… Ⅱ . ①鄢… Ⅲ . ①英语 - 教学研究 Ⅳ . ① H319.3

中国国家版本馆 CIP 数据核字 (2023) 第 051167 号

英汉对比视角下英语教学研究
YINGHAN DUIBI SHIJIAO XIA YINGYU JIAOXUE YANJIU

著 者	鄢克非
责任编辑	黄 群
封面设计	李 伟
开 本	710mm×1000mm　　1/16
字 数	230 千字
印 张	13
版 次	2023 年 9 月第 1 版
印 次	2023 年 9 月第 1 次印刷
印 刷	天津和萱印刷有限公司

出 版	吉林出版集团股份有限公司
发 行	吉林出版集团股份有限公司
地 址	吉林省长春市福祉大路 5788 号
邮 编	130000
电 话	0431-81629968
邮 箱	11915286@qq.com
书 号	ISBN 978-7-5731-3117-1
定 价	78.00 元

版权所有　翻印必究

作者简介

鄢克非　女，1977年8月出生，毕业于湖南大学外国语言文学专业，博士，中国消防救援学院副教授，主要研究方向：认知语义学、英语教学、专门用途英语。近年来主要讲授大学英语、消防救援应用英语等课程，在核心期刊、专业期刊发表论文20余篇，参与省部级课题多项，参编教材、著作多部，参译专业学术著作多部。

前　言

随着世界一体化的发展，各国之间的联系越来越密切，英语成为一门国际性的语言，在世界舞台上扮演着重要的角色。每个国家为了促进自身政治、经济、文化、科技等发展，都在积极地展开对外社交，英语在其中起着非常重要的作用，因此受到世界各国的重视，在中国亦是如此。现如今，英语已经成为我国学生教育课程中必不可少的一项，我国关于英语教学的研究也有很多，而且已经取得了一些成果。但是客观来讲，仍然不是很全面，我国的英语教学还是存在着一定的不足之处，亟须我们不断探索，积极改进。本书就针对这一现状进行了深入的剖析，以独特的视角对我国英语教学展开讨论。

本书立足于汉英文化对比的视角，以教学研究为根基，对英语教学以及英语翻译教学中的基础理论及其方法策略进行了深入研究，旨在为教师的教学提供充实的理论知识和教学实践指导，也为相关专业学生的学习提供一定的方向指导。本书通过理论联系实际，不仅对汉英之间的差异进行了细致入微的分析，还具体深入地探究了英汉在各个方面的差异对英语教学以及英语翻译教学的应用。

本书共分为七章，内容分别从英汉对比概述、英语教学概述、英汉对比视角下英语词汇教学分析、英汉对比视角下英语语法教学分析、英语对比视角下英语句法教学分析、英汉对比视角下英语语篇教学分析以及英汉对比视角下英语翻译教学分析七个方面展开。

在撰写本书的过程中,作者得到了许多专家、学者的帮助和指导,参考了大量的学术文献,在此表示真诚的感谢!限于作者水平有限,加之时间仓促,本书难免存在一些疏漏,在此恳请同行专家和读者朋友批评指正!

作者
2022 年 5 月

目 录

第一章 英汉文化比较 1
- 第一节 英汉逻辑思维方式的比较 4
- 第二节 英汉表达方式的比较 12
- 第三节 英汉语言的比较 19
- 第四节 英汉文化价值观差异及表现 26

第二章 中国的英语教学 33
- 第一节 英语教学的内涵 35
- 第二节 英语教学的基础理论 37
- 第三节 我国英语教学的整体状况 43
- 第四节 我国英语教学的主要方法 45

第三章 运用英汉比较的英语词汇教学 55
- 第一节 英汉构词与词义的对比 57
- 第二节 英汉词汇搭配的对比 81
- 第三节 英汉词类的对比 85
- 第四节 英汉对比在英语词汇教学中的应用 95

第四章 运用英汉比较的英语语法教学 101
- 第一节 英汉语法状态的比较 103
- 第二节 英汉语句中连接词的比较 108

第三节　英汉比较在英语语法教学中的应用 …………………… 125

第五章　运用英汉比较的英语句法教学 ………………………………… 129
　　第一节　英汉关系分句比较 ……………………………………… 131
　　第二节　英汉状语比较 …………………………………………… 135
　　第三节　英汉名词词组、词序比较 ……………………………… 140
　　第四节　英汉比较在英语句法教学中的应用 …………………… 144

第六章　运用英汉比较的英语语篇教学 ………………………………… 149
　　第一节　英汉语篇衔接手段比较 ………………………………… 151
　　第二节　英汉语篇段落结构比较 ………………………………… 155
　　第三节　英汉语篇模式比较 ……………………………………… 160
　　第四节　英汉比较在英语语篇教学中的应用 …………………… 165

第七章　运用英汉比较的英语翻译教学 ………………………………… 171
　　第一节　翻译的界定与分类 ……………………………………… 173
　　第二节　英译汉的一般技巧 ……………………………………… 177
　　第三节　英译汉文化差异的弥合 ………………………………… 188
　　第四节　英汉比较在英语翻译教学中的应用 …………………… 192

参考文献 …………………………………………………………………… 198

第一章　英汉文化比较

第一章　英汉文化比较

本章主要介绍了英汉比较的概述，主要从四个方面对英汉进行对比，分别是英汉逻辑思维方式的比较、英汉表达方式的比较、英汉语言的比较以及英汉文化价值观差异及表现。

在人类长久的社会历史发展过程中，人类所创造的精神产品和物质产品共同构成了文化。物质文化由物质产品构成，人类创造赋予意义的有形物品都是物质文化的一部分，如衣服、学校、书本等等。精神文化则是由人类创造的抽象物质——精神产品构成，包括了语言、思想、技术、制度等等。因此所有社会成员都是经过文化熏陶的人，人和社会本身也是文化的结晶。

人类社会越发展，文化的内容就越庞杂。发展的结果是人的自然属性相对来说越来越少，社会属性越来越多，文化对人的制约作用也就越来越大。人类可以创造自己的社会环境，创造并遵循自己的行为准则和行为模式，还可以利用习得的知识去改造环境。人类行为是生物继承和后天文化素养两者相互作用的结果。今天我们已很难在人的行为中发现纯属自然属性的东西。例如人有言语（说话 speak）的生物能力，然而具体讲哪种语言以及怎样讲，则是后天习得的。人类具有哭、笑、羞、怒等生物能力，然而在什么情况下哭、笑、羞、怒则是后天习知的。即使那些属于人类最原始、最基本的欲望，也受到文化的制约。例如人都有自我保护、吃、喝与他人交往等等欲望，然而真正满足这些欲望必须通过后天文化习知才能实现。人们都尝过饿肚子的滋味，但是只有通过学习才知道什么可食什么不可食。事实上，与其他物种不同的是人类学会了能够完全克制自己的欲望。

上文对文化的论述，是从广义的角度出发，当按照狭义的方面来考虑，文化仅包括如思想、道德、风尚、宗教、文学、艺术、科学、技术、学术之类的意识形态，以及与之相适应的制度和组织。

考古学上的"文化"则指同一时期，同一地区具有共同特征的考古遗存的总体，通常以首次发现地点或特征性的遗迹、遗物而命名，如仰韶文化、龙山文化等。

第一节　英汉逻辑思维方式的比较

思维是沟通文化与语言的桥梁。思维通过影响认知、态度和行为赋予社会群体不同的文化价值观，进而影响整个群体文化。在世界范围内，各个民族能够赖以存在的自然地理环境都有着各自的特点，其衍生的历史背景和文化特征也各有不同。在这种前提下，各民族的思维方式也产生了较大的差异，而民族文化的所有领域，无一不在体现着民族间思维方式的不同。美国社会学家和心理学家理查德·尼斯贝特的《思维的版图》一书，是探究东西方思维差异的经典之作，从比较语言学到经济史探讨了东方人和西方人的思维差异。利奈尔·戴维斯的《中西文化之鉴》从观念、思维、习俗、人际交往等方面入手，通过对大量材料的对比分析，探索中国与美国在宏观文化统照下其微观文化的巨大差异。美国哲学家郝大维和汉学家安乐哲在《孔子哲学思微》一书中从比较哲学方向展现了对中西思维方式差异的讨论，自《孔子哲学思微》后又创作了《汉哲学思维的文化探源》，它围绕自我、真理和超越这三个核心问题，逐个透彻分析中西双方的不同认识、各自的价值观及其在文化发展中的不同后果。因此，要对比分析英汉两种语言，必须分析英汉两种语言在逻辑思维方式上的差异。

一、逻辑思维方式差异的特性

（一）伦理性和认知性

"君权神授"是对自然力量的夸张，是我国古代人民奉若圭臬。而在中国古代，我们的先民在了解和探索大自然的神奇之处时，为的是满足当时的社会政治、社会现实以及统治阶层的需要，并非对于自然的好奇。比如，儒家、法家的学说所倡导的理念都是为了维护当时统治阶级的利益，使社会和国家更加稳定。而西方对自然的探索，就更多地体现了对客观世界的准确探测，缺少了对政治服务的特点。这是由于西方的文化发源地——希腊，这个以城市建国的国家，依靠其特殊的地理位置，其手工业、航海、商业得到了快速发展，这些领域的发展客观上推动了西方对气候、天文、几何、数学的探索。于是西方的认知思维方式演变成依据实验而进行的逻辑分析和推理证明。

（二）意向性和对象性

我国春秋战国时期出现的诸子百家中的道家，认为宇宙的起源是"道"。老子曰："有物混成，先天地生，寂兮寥兮，独立而不改，周行而不殆，可以为天下母。吾不知其名，强字之曰道。"董仲舒倡导"天人合一"。宋明理学倡导"宇宙便是吾心，吾心便是宇宙"。以上观点都表达了古代先民的将自然赋予人性的特点，而非去认识自然，这就使人们的主观与自然的客观巧妙地结合在一起。之所以有着如此的特征，是因为中国人始终都以人之善行作为人们内心的追求，最终对世间的善与恶、美与丑作出评价。为了达到人之善行的追求，一方面人们加强自身的修养，另一方面对道德准则、社会纲常进行严格地遵守。这就导致了主体意向性思维在中国古代先民的内心生根发芽，而客体的客观性思维则没有那样的影响。所以古人在评价客观事物时也会掺加强烈的主观色彩。而西方认为，主体与客体是相互区分的，二者并不融合，这是他们对主体和客体的思维认知方式。但是这就可能导致主体与客体的分裂，容易滑向形而上学的错误中。当然，这也促成了西方对科学与理性精神的追求，他们注重用实验和技术来认知、探索和改造自然。这样的思维方式具有明显的对象性，他们认为人与事物相互区别，相互独立，同样客观存在于世，而不能混为一谈。

二、逻辑思维方式差异在语言中的体现

英汉这两种不同的语言文化体系反映在人的思维方式上，便形成了思维方式的差异。这里从以下两个方面对英汉思维方式的表现差异进行对比：

（一）直接与间接

英语表达趋向于间接、含蓄、婉约，汉语表达趋向于直接、直率、明快。这一差异表现在英语比汉语更多地使用委婉迂回的表达方式。

1. 委婉

委婉语是一种语言现象，一种文化现象，更是一种社会现象，在一定程度上，它反映了社会的价值观、审美观和美德观。在现代西方社会里，委婉语涉及面很广，不论在日常会话还是官方交际中，说话委婉、含蓄、幽默都被认为是文明礼

貌的象征。委婉语在社会交际中发挥着十分重要的作用。

听说过这样一则笑话：一个外宾想上厕所，便对翻译说："I wonder if I can go somewhere."（我可以方便一下吗？）而翻译却把 somewhere 误解为"某处"，因而回答道"Yes, you can go anywhere in China."（行，你可以在中国的任何地方。）外宾不禁愕然。可见，如不了解英语中"厕所"的一些表方达法是会误事的。在英美国家，上厕所有很多委婉的表达方式，在英美，一般人都忌讳说 W.C，此外厕所还可以说 toilet,washroom,bath room，但是通常见到的标志有 lavatory（厕所），men's room（男厕），ladies'（rest）room（女厕）。英国人一般喜欢说 loo。在旧时的英国上厕所需要花钱，小便不要钱，大便则要花 1 分钱。所以，很多人在表达上厕所还可以说 spend a penny，女士一般多用 I need to powder my nose。在中国，厕所的说法有茅房、茅厕，委婉的表达有洗手间、卫生间等，不过相比来讲不如英语的说法多，也不如英语含蓄。

古往今来，人们对于死亡的恐惧是普遍的，提到死亡，人们总是习惯联想到恐怖、阴暗、不幸，人们都避讳谈到它，因此关于死亡衍生出来的委婉语就更多了，在西方国家尤其明显，几乎不用 die、dead 表达，人们通常会说 be at rest, be asleep in the Arms of God, be with God, answer the final call, depart to God, breathe one's last, pay one's last debt，在汉语里，我们一般婉转地说走了、去世了、归西等等，也不如英语表达得那么含蓄。

在西方国家，脑力劳动和体力劳动在人们心中具有很大的差别，为了缓解体力劳动者的自卑感，也为了提高体力劳动者在人们心中的地位，使其受到更好的尊重，英语里将这些职业的称谓提升美化，例如：

waiter/waitress（服务员）——dining-room attendants（餐厅管理员）

operator（接线员）——communication monitor（通讯监察人员）

butter（屠夫）——meat technologist（肉类技术专家）

rat catcher（灭鼠者）——exterminating engineer（清理工程师）

dog catcher（捕野狗者）——animal control warden（动物控制人员）

这些名称的改变使本来普通的工人听起来更像是高级工程技术人员。

2. 含蓄

西方人喜欢用一种含蓄的说法来陈述和表达其思想，尤其是英国人，他们善于自嘲，很含蓄，属于那种冷幽默型。英国享有 the home of understatement 之誉，英式的"轻描淡写（understatement）"会把惊人之事说得平淡无奇，把激动化为无动于衷。就比如一个人曾获得过网球冠军，他会说他对网球"略知一二"；如果一个人曾单独驾驶小船横渡大西洋，他却会说："我玩过两天船。"英国人对他很喜欢的东西，可能只会说声"That's not bad."。遇到不高兴的事时也难得勃然大怒。在英国人的日常交流中，这种含蓄的表达方式不胜枚举。

当英国人说"I was a bit disappointed that…"时，则表示"我对……很恼火"，而其他人可能会理解成"无伤大雅"。当英国人说"I almost agree"时，他们是想表达"我完全不同意"，而其他人可能会以为他完全同意。当英国人说"I hear what you say"时，他们的意思是"我不同意这些观点并且不想就其多做讨论"，这只是一个含蓄的反对意见，而其他人却以为他听到了大家所说的并且接受了这些观点。当英国人说"You must come for dinner"时，那绝不是他们的什么邀请，只不过想更礼貌一些，这就容易让人误解成"马上就会收到一个邀请"。英语里还有一些否定的形式来加强语气表达肯定的意思，在汉语里则没有相应的表达方法。如：

（1）There is nothing unusual there.

译文：那里的一切都很正常。

（2）They never meet without quarrel.

译文：他们见面必吵。

（3）He has no small reputation as a scientist.

译文：他是名气很大的科学家。

总的来说，汉语中含蓄间接的表达方式没有在英语中使用的那样普遍，刘宓庆说："汉语崇尚直至、忌晦涩，倡导明白晓畅、开宗明义，与中国历史上文人畏于文字之嫌而株连很有关系。"汉语注重简明、直接，正如孔安国所说"凡事莫过于实，辞达则足矣，不烦文艳之辞"。

（二）主体与客体

中华文化以人为本，强调人与自然的统一，对思维的主体客体没有区分，通常结合在一起强调人的主观感受，因此在语言上重意合而不重形合。西方文化以物为主体，以自然为本，认为人的思维独立于自然之外，明确区分主体与客体，讲"主客对立"，常以客观的态度对事物进行处理分析。这种差异往往多反映在语言上，汉语中多主动句，多人称主语，还会出现自动词、他动词不分的句式，英语中则多被动句，多用无生命的事物做主语。

1. 人称和物称

（1）What has happened to you?

译文：你怎么了？

（2）The case was referred to a policeman, who happened to pass at that moment.

译文：这时候，一个警察碰巧从旁边经过，这事就告到了他那里。

（3）He sight of that sweater always reminds me of my mother.

译文：一看到那件毛衣，我就想起了我的母亲。

（4）The artless benevolence that beams throughout his work.

译文：他的全部作品中闪烁着赤诚的慈悲之心。

（5）At that moment, a weakness seized her, and she fell.

译文：就在那个时候，她浑身一软，跌倒在地。

（6）It has been found that a person's emotion will affect the body's immune system.

译文：人们发现，一个人的情绪将会影响身体的免疫系统。

从上面例子的英文句子来看，例（1）以疑问代词作为主语，例（2）例（3）以具体的客观事物作为主语，例（4）例（5）以抽象的名词词组作为主语，例（6）中 it 作为形式主语的使用具有明显的物称倾向，借助它说话者避免使用 I，we，you 等人称代词，而相应的中文句子则都以人称作为主语。可见，英语常以物或抽象概念的非人称作为主语，使事物客观地呈现出来；汉语常以人称代词为主语，这反映了汉语的主体意识性思维特征。

2. 具体与抽象

西方人较注重抽象思维，西方文化重要的特征之一就是"尚思"，从古希腊亚里士多德开始就一直注重哲学思辨。而中国人偏向具体形象思维，运用形象的表达手法描绘抽象的事物。英汉文字的形成与演变就是英汉思维差别的最好例证。汉字是由象形文字发展而来，具有具体性、直观性；英语属于拼音文字，表现为抽象的概念符号，远不及汉字直观形象。这种思维的差别还体现在语言的层面上，英语常常使用大量语义模糊的抽象名词来表达具体的概念，而汉语则多使用形象表达法，用具体的词来表达抽象的概念。

英语单词通过添加词缀使具体的词义虚化，这就大大方便了抽象表达法的使用。前缀和后缀都可以使词义虚化，其中后缀的数量最多、分布最广，如：

-ness 表示性质、状态、程度：oneness, disinterestedness, thoughtfulness, carelessness, slavishness。

-tion 表示动作、状态、结果：modernization, occupation, realization, decoration, examination, internationalization。

抽象表达法在英语里使用得相当普遍，虚化词已成为一种流行的用法，尤其常用在社会科学论著、官方发言、法律文件、科技论文等文体。下面的英文选段中就大量使用了抽象词：

Whether the Chinese nation or the French nation, we each inherit and carry forward the national culture is the root, the state of the soul.Cultural diversity is an important characteristic of human civilization.Cultural diversity of the human society, just as biological diversity of the natural world, is an objective reality.Only by respecting the diversity of cultures can make to the development of human civilization.

与英语相比，汉语更喜欢用具体化的词，由于汉语缺乏像英语那样的词缀虚化手段，汉字也不存在形态的变化，形式相同的词可以是名词也可以是动词，还可以是形容词或其他词。我们从以下这些英汉词语对应的翻译中就可以看出：

disintegration：土崩瓦解；ardent loyalty：赤胆忠心

Farsightedness：远见卓识；perfect harmony：水乳交融

careful consideration：深思熟虑；total exhaustion：筋疲力尽；feed on fancies：

画饼充饥

One boy is a boy，two boys half a boy，three boys no boy：一个和尚挑水喝，两个和尚抬水喝，三个和尚没水喝。

介词是一种用来表示词与词、词与句之间的关系的虚词，在英语里运用广泛，介词可以构成各式各样的短语或词组，有的可以用来表达虚化的意义，其含义往往让人难以捉摸。例如：

（1）for all：I wouldn't like to be in his position，for all his wealth.

译文：尽管他很有钱，我也不愿意处在他那个位置。

（2）by and by：By and by the clouds disappeared.

译文：乌云不久便消散了。

三、英汉思维差异的渊源

中西方思维方式风格迥异的原因有很多。具体来说，社会环境是影响中西方思维方式差异的原因之一。东西方人存在着如此大的差异，究其原因我们可以分为两个方面进行论述。

陈独秀有言："五方水土不同，而思想遂因以各异。"在古代社会，东西方人们赖以生存的自然地理条件对人们思维方式的形成产生了不同的影响。其对人们思维方式的形成起到了关键作用。

不同的自然地理环境对东西方的经济制度造成了不同的影响，西方国家大多数是开放性的海洋型地理环境，人们常年处于气候恶劣、动荡不安的自然环境下，所以人们主要以工商业、航海业为主。在这样的经济制度下，西方人悟出了天人相分、二者对立的宇宙观，他们把宇宙分成两个截然不同的世界，认为世界上万物都是对立的，如人与自然相分，人处在支配和改造自然的位置上，不断斗争、征服就是一种天人相分的宇宙观。这样的思维造就了英美人民崇尚武力征服的个性，以及强烈的占有欲。自古希腊时期就有注重研究自然客体，探索自然奥秘的传统，古希腊的哲学家之所以会对天文、气象、几何、物理和数学产生研究的热情，也是受到了经济发展的影响。这样也就使他们逐步形成了热衷于对自然探索的传统。同时，人们也把更多的关注点投进加工程序、技巧和分析上，这也有赖于手工业的不断发展。近代，西方在实验科学领域的探索实现了重大突破，取得了不少成就。这也让他们的思维方式变得更具有实证性。特别是工业革命以来，由于受到大工业生产方式所特有的组织性、科学性、民主性的影响，自工业革命发生之后，大工业的生产方式慢慢开始普遍，其特有的组织性、科学性、民主性特点也在各个领域产生了影响，造就了西方人有较强的斗争精神，以独立、自由、平等为处世原则。

由于古代中国处于封闭式的大陆性自然地理环境，因此中国的传统经济制度是典型的自给自足的自然经济，中国文化基于农业社会。井田制的发展在春秋战国时期被破坏，生产力的不断发展造就了农业个体经济开始普遍地涌现，这种情况一直到近代还存在。由于小农经济依旧是靠天吃饭，人们想要得到一年的丰收，就要期盼着风调雨顺，这也是古代哲人领悟到"万物一体""天人合一"观点的基础。

从道德观差异上看，以古希腊为代表的西方社会的道德取向是以个人为本位，以中国为代表的东方社会的道德取向是以家国为本位。这使得中西方的伦理体系和道德规范具有不同的特点，从而导致思维方式上的差异。西方社会的思维方式以亚里士多德的逻辑和分析思维为特征，强调个人的自由意志、个人利益，是一种个人主义为主要特征的社会。东方社会的思维方式则深受儒教和道教影响，以辩证和整体思维为主要特征，强调个人与社会的关系，是一种集体主义为主要特征的社会。首先，西方重契约，中国重人伦。西方重契约的观念渗透到社会的各个方面，这种伦理思想从基督教的著作中可以很清楚地看出。中国重人伦的观念以儒家思想的性善论出发，强调个体的道德修养，所谓"人之初、性本善"便是这个道理。其次，西方伦理重于竞争，中国伦理偏重中庸，在西方伦理传统中占据主导地位的是以竞争求生存的道德观。"竞争精神"是西方人思维方式的典型特点。罗素曾说："世界上如果有一个国家不屑于打仗，那就是中国。""仁"是孔子道德教育思想的精华所在，中国人相信仁爱之心能为人民大众谋福利。"追求和平"是中国人思维方式的典型特点。最后，西方重理智思辨，中国重情感体验，西方的逻辑学非常发达，从古希腊起，西方的哲学家们都把抽象的逻辑思维方法作为认识和把握事物真理的最基本的手段。

总的来说，中西方的思维方式差异是由多种因素造就而成的。古代东西方社会的自然地理条件、经济状况和道德观的差异都对追寻东西方民族思维方式差异的本源起着关键性作用。在中国古代，生产力不发达，人们最直观地认识世界是依靠自己的五感和体验。不仅是先民对自然的崇拜和敬畏，而且统治者们还依据"天人合一""君权神授"这样的观点，用自然现象来管理人民。而当西方完成工业化之后，由于其自身地理位置文化方面的影响，以及地理大发现和自然科学的发展，都促使西方形成了对个人利益的推崇，对科学和理性的推崇。同时，社会环境也是影响中西方思维方式差异的原因。

英语含蓄间接，汉语直率直接；英语注重抽象思维，汉语注重形象思维表达更加具体化；英语偏向于整体性思维，汉语偏向于个体性思维；英语注重形合，汉语注重意合；英语对主体和客体有着严格区分，而汉语对主体和客体没有严格的区分。另外，思维差异的产生受地理环境、经济状况、思想道德观的影响，可见，思维方式的不同源于文化传统的差异，因此表现在英汉两种语言的形式和结构上有很大差异。

第二节　英汉表达方式的比较

一、英汉表达习惯的对比

英汉之间在词法、句法乃至篇章结构等方面的表达差异显豁，特别鲜明。归纳起来，英汉词句中表达主要差异有以下三种：

（一）英语重形合，汉语重意合

汉语的句子是通过意思来对句型进行统筹的，意合（parataxis）便是我们汉语句法的明显特征。在汉语句子中，逻辑与意义的重要性是被更为重视的，句子之间的联系与词语的联系都不是汉语句子的关注对象。而英语则不同。它更为重视句子的形式和功能，这种句法特点我们一般称为形合（hypotaxis）。英语名词的性、数、格，谓语动词的时态和语态，主句与从句之间的关系代词、关系副词和连词，都行使其语法功能并起着纽带作用，将句子各成分衔接在一起。请看下例：

（1）我常见许多青年朋友。

（2）聪明用功。

（3）成绩优异。

（4）而语文程度不足以达意。

（5）甚至写一封信亦难得通顺。

（6）问其故则曰其兴趣不在语文方面。

（1）率先引出了话题，（2）—（6）是对"我"的"青年朋友"的特点进行了大致的描述，（2）（3）是对"我"的"青年朋友"的优点的描述，（4）（5）是对"我"的"青年朋友"的缺点的描述，特别要说明一下（5），（5）对比（2）（3）会给人一种强烈的反差感，这样的"青年朋友"所具备的特点，使"我"产生了忧虑，因此引出（6）的时候就不会显得突兀，而是非常的自然。然后我们再根据语法结构进行分析，在逻辑主语方面，（2）（3）（4）（5）以"（他们）青年朋友"构成其逻辑主语，"我"是（6）的逻辑主语。尽管在后面5句话中，"我"和"青年朋友"没有再次出现在文中，但是，原文的意思却十分清晰地表达出来。这体现了"我"拥有的思路是非常清晰的，汉语读者在理解上是没有任何障碍的。

如果在将此例翻译成英语的时候，按照汉语句子的句法特征进行翻译，可能是：

（1）I have come across a great many young friends.

（2）bright and diligent.

（3）do exceedingly well in studies.

（4）but they are rather weak in Chinese.

（5）even can't write a smooth Chinese letter.

（6）when asked why, they'll say they are not interested in Chinese.

这样的翻译最终只能产生错误的句子。（2）是形容词词组，（3）是动词短语，它们在并列使用时是要求语法关联的完整表达的。（3）是对"青年朋友"的修饰，把这种形式放置在句子后面，这就会造成错误。（5）中缺少了主语。（6）与（1）中的时态是不一致的，这里应该将（6）改为过去时，这里的意思是曾经"我"

对青年朋友的提问，询问青年朋友语文成绩不好的原因。"when asked"这里的使用看似是对原文"问其故"的简洁地还原，但是"asked"是作为被动语态在句子中出现的，这里"青年朋友"是被省略的主语，此时从句中的应该用"我"作为句子的主语。

看张培基先生的译文：I have come across a great many bright and diligent young friends（who）have done exceedingly well in their studies, but are rather weak in Chinese.（They）cannot even write a letter in correct Chinese.（When I）asked them why,（they）said they were not interested in the Chinese language.

对"young friends"的修饰，借用了（2）中的形容词词组，并通过定语从句将（3）与（4）结合起来。虽然仍然是对"young friends"的修饰，但是行文变得通顺了，原来的意思也被清晰地表达出来。同时还顺应"我"的原意，将（5）单独成句，以凸显这群青年虽然很优秀，但也有缺点。

在使用 when、where、who、that、as 等表示关联词时，必须要根据从句的语法功能来选用，使从句与主句顺利地衔接起来。而在汉语中，这样的衔接形式就不被重视，语义是否连贯才是汉语所关心的。这种语言习惯的形成，与汉语重视整体，重视综合思维方式有着密切的关系，也是汉语语法隐含性（covertness）的一种表现。

（二）英语前重心，汉语后重心

按照一般的思维逻辑，句子的重心一般会落在结论、断言、结果以及事实上。无论是英语还是汉语在这一点达到了高度的重合。然而，细细观察之后，二者仍有着明显的差别。那就是英语的句子重心与汉语的句子重心的位置不一样。简单总结就是"英前而汉后"。请看例句：

Tragedies can be written in literature since there is tragedy in life.

在这样一个"因果"句面前，英语将结果置于句子的前面，即"先果后因"。而这句话若是翻译为汉语就是：生活中既然有悲剧，文学作品就可以写悲剧。在汉语里，句子结构是"先因后果"。这里的翻译也是采用了经典的"先因后果"句型，读起来十分通顺自然。反之，汉语若说：文学作品可以写悲剧，就是因为生活中有悲剧。就不那么自然了。

The people of a small country can certainly defeat aggression by a big country, if only they dare to rise in struggle, dare to take up arms and grasp in their own hands the destiny of their own country.

上面的例句遵守了英语的表达习惯，使用的是"我们就怎样，如果怎么样"的语序。如果我们在翻译时参照这样的语序，那么，将会得到这样的翻译：小国人民一定能够战胜大国的侵略，只要他们敢于斗争，敢于拿起武器，掌握自己国家的命运。如果你仔细阅读这句译文，就会发现，这样的表达与我们平时的说话方式相去甚远。这究竟是什么原因导致的？在没有改变措辞的前提下，是什么让我们感到了这句翻译与平时说话的不同。这就涉及我们之前提到的句子的重心。汉语习惯将句子的重心放在后面，这句话前面说的是条件，条件为轻，所以放于句子前面；后面说的是结论，结论为重，所以放在句子后面。汉语的语序是"如果怎样，我们就怎样"的句式。那么，上句英语的汉译应该是：小国人民敢于起来斗争，敢于拿起武器，掌握自己国家的命运，就一定能够战胜大国的侵略。

（三）英语静态语言，汉语动态语言

在英语中，有时候在表示动作意义时，可以不用或少用动词，这在汉语中被称为兼动式或连动式。

英语可以使用多维的角度来表现静态的特征，简单来说就是使用句法方式或词汇方式来表达。如使用非谓语或非限定动词（即动词的 -ed 形式、-ing 形式和不定式）、省略动词（如 be 或谓语成分）以及将动词名词化等；如使用动词的同源名词（如 realize—realization；free—freedom,master—mastery）、同源形容词（如 support—supportive；doubt—doubtful）、介词及副词等等。相较而言，汉语的动词不具备类似英语动词的形态变化，在想要对动作的意义进行表达时，只需要采用动词本身即可。试比较下列句子：

（1）I fell madly in love with her, and she with me.

译文：我疯狂地爱上了她，她也疯狂地爱上了我。（英语可省略动词，汉语却不行）

（2）Plants can not live without water and sunlight.

译文：植物离开水和阳光就不能生存。（英语用介词，汉语要用动词）

其实，英语在表示动作意义时，除了运用上述同源词以外，可用的词还有很多。如，look, mention, close 等；形容词：able, afraid, good 等。如：

I'm sure of it. 对此，我深信不疑。

二、英汉表达位置的对比

以汉语为母语的民族主张"物我交融""天人合一"，注重个人的感受，崇尚主体思维。汉语民族的思维方式是：主体—行为标志—行为—行为客体。汉语语言的表达顺序是：主语+状语+谓语+宾语。相反，英语民族对个体思维十分推崇，认为"人物分立"是很重要的，对形式论证与逻辑分析十分看重。英语民族将主语—行为—行为客体—行为标志作为他们的习惯思维方式。英语语言的基本表达顺序是：主语+谓语+宾语+状语。于是，英语就呈现一种以综合型为主，向分析型过渡的语言。英语语序较为固定，但也不失变化。可见，英汉语言的语序差异主要体现在定语和状语的位置上。

（一）定语位置

在汉语中，定语的位置通常置于名词之前。相反，英语中定语的位置一般有两种情况：以单词作定语时，通常放在名词前；以短语和从句作定语时要放在名词之后。

单词在英汉句子中作定语时，均放在被修饰词的前面。例如，a just cause（正义的事业），developing country（发展中国家）等。

英语中后置的一些单词定语用汉语表达时，需要前置。在英语句子中，当被修饰的部分是由 some, any, every, no 等构成的复合代词时，定语要后置。例如：He told me something important. 他告诉我一件重要的事情。

在英语句子中，当一些以 –able 或 –ible 结尾的形容词作定语，与 every, the only 或形容词最高级连用修饰一个名词时，通常也后置。例如：These are confidential documents not accessible to the public. 这些是公众无法接触到的机密文件。

在英语中，当定语从句和一些分词作定语时，必须后置。例如：The performance given by Class Five won the highest praise of all. 五班同学表演的节目最获好评。

英语中具有表语作用的形容词，用作定语时要后置。例如：He will be remembered for that one book alone. 仅仅那一本书就可以使他留名于世。

在英汉句子中，如果有两个或两个以上的单词定语位于所修辞的名词之前，其顺序也完全不同，需要做出一定的调整。汉语常在前面放置能够说明事物本质的定语，而在后面放置表示规模大小、力量强弱的定语。相反，英语一般将越能说明事物本质的定语越靠近其修饰的名词，或者根据定语和其修饰的名词之间的关系处理其位置。通常定语和中心词的关系越紧密，其位置也就越近。如果无法判断关系的远近，就按照词的长短排列，长词在后，短词在前。例如：brave hard-working Chinese people（勤劳勇敢的中国人民），a modern（现代的），prosperous（繁荣的），powerful socialist country（繁荣昌盛的社会主义现代化强国）等。

（二）状语位置

在汉语中，状语多置于主语之后，谓语之前。为了起到强调作用，也可位于主语前或句尾。相反，英语中状语的位置较为复杂，由单词构成的状语一般要根据需要放在句首，置于谓语动词前，助动词和谓语动词之间，或者放在末位。如果状语较长，那么其一般放在句首或句尾，不放在句中。例如：You seem never to think of yourself. 译文：你好像从不考虑自己。

当句子中出现一系列包含时间、地点和方式的状语时，汉语的语序是时间、地点、方式；英语的语序是方式、地点、时间。此外，如果一个句子中出现了两个以上的地点状语或时间状语时，汉语习惯按照从大到小的顺序展开，英语则会按照从小到大的顺序展开。例如：Many elderly men like to fish or play Chinese chess in the fresh morning air in Beihai Park every day. 译文：很多老人都喜欢每天上午在北海公园清新的空气中钓鱼、下象棋。

三、英汉表达顺序的对比

英汉语序的差异主要体现在：汉语习惯将重要信息放在句子的最后，这种语序为典型的"自然顺序"；英语则习惯将重要信息放在句首，开门见山，一语道破，这是典型的"突显顺序"。英语中并不是不使用自然顺序，只是其运用突显顺序较多。

（一）汉语语序

1. 先叙事后表态

由于汉语民族以含蓄内敛著称，所以表现在语言上就是，习惯先就事件进行叙述，然后再对该事件发表自己的看法和态度等。例如：

The assertion that it was difficult, if not impossible, for a people to enjoy its basic rights unless it was able to determine freely its political status and to ensure freely its economic, social and cultural development was now scarcely contested.

译文：如果一个民族不能自由地决定其政治地位，不能自由地保证其经济、社会和文化的发展，要享受其基本权利，即使不是不可能，也是不容易的。这一论断，几乎是无可置辩的了。

2. 先原因后结果

我们在使用汉语表达意思时，常用自然的顺序陈述，所以汉语一般都是在对事件进行陈述时都会先将事情的原因进行描述，在总结事件的结果。例如：

I was all the more delighted when, as a result of the initiative of your Government, it proved possible to reinstate the visit so quickly.

译文：由于贵国政府的提议，才得以这样快地重新实现访问。这使我感到特别高兴。

3. 先背景后前景

汉语还习惯先列出事件的地点、时间、方式等，之后再自然引出主要信息。例如：

The agreement was signed in the convention hall of China Hotel Guangzhou on the morning of September 1, 1999.

译文：协议书于 1999 年 9 月 1 日上午在广州中国大酒店会议厅签订。

（二）英语语序

1. 先表态后叙事

当英语句子中既有叙事部分，又有表态部分时，其顺序通常为：先表态，后叙事。例如：No one will deny that what we have been able to do in the past five years is especially stalking in view of the crisis which we inherited from the previous Government. 考虑到上届政府遗留下来的危机重重的局面，我们在过去五年里所取得的成绩也就显得尤其显著，这是没有人可以否认的。

2. 先结果后原因

英语对于结果和原因的表达顺序较为灵活，但是其倾向于先表达结果，再说明原因。句子的前面部分为整个句子的信息中心。例如：

Nowadays it is understood that a diet which contains nothing harmful may result in serious disease if certain important elements are missing.

译文：如今人们知道，如果食物中缺少了某些重要的成分，即使其中不含有任何有害的物质，也会引起严重的疾病。

3. 先前景后背景

背景是指与事件有关的时间、地点等次要信息，前景则是指事件的焦点和重要信息。英语习惯将事件的主要信息放在句首。例如：

1988 年，在共和党全国代表大会上，似乎名不见经传的奎尔被布什挑中，成了其竞选伙伴。从那以后，奎尔一直是人们取笑和批评的对象。

译文：Quayle has been the brunt of jokes and criticism ever since Bush chose him, seemingly from out of nowhere, as his running mate at the 1988 convention.

第三节　英汉语言的比较

在交际上，人类通常把语言作为最重要的工具。如果把语言比喻成一栋大楼，语音就是其物质外壳，词汇就是构成这栋大楼的建筑材料，语法则是构成这栋大楼的结构框架。

世界语言十分复杂，按语言的共同来源和语言亲属关系的远近，世界语言可分为不同的语系和语族。北京大学的徐通锵、胡吉成将世界语言分为13个语系，45个语族。这13个语系是：汉藏语系、印欧语系、高加索语系、乌拉尔语系、阿尔泰语系、达罗毗荼语系、南亚语系、南岛语系、闪—含语系、尼日尔—科尔多凡语系、尼罗—撒哈拉语系、科依桑语系、北美印第安语系。各语系之间的差别非常之大，那么英汉之间应该如何进行对比呢？

美国语言学家乔姆斯基提出的语言普遍性（linguistic universals）理论认为，各种语言的表层结构虽然千差万别，但其深层结构非常相似，即不同的语言之间也存在着相同的地方。语言的不同必然会带来诸多差异，然而人类在思维、智力和社会因素等方面也存在着相同之处。人类拥有共有的语言结构特征，或者说是语言上的普遍性是存在的，这主要体现在迄今为止人们对语言研究的描述都需要在同一理论体系内进行。根据上面的理论，人类语言的共同性（language universals）终究会被我们找到。这一共性为：作为承载人类特有的思维工具，它们是人类共同的交际手段。这就为英汉语言可比性原则的建立奠定了基础，为我们研究语言提供了有力的理论根据。

一、英汉语言对比的意义

在进行研究时，可以使用对比分析加以了解。我国著名语言学家赵元任对语言学理论有着深入的研究。他认为，通过综合比较分析研究世界各民族的语言，可以得出的科学结论，就是语言学理论。

语言学家历来重视语言的对比研究，他们的论著常通过研究其他国家和民族的语言来论述本族语言，或通过不同语言的对比分析来揭示本族语言和其他语言的异同之处。语言学上的这种研究称作"对比分析"（contrastive analysis）或"对比语言学"（contrastive linguistics）。

要研究语言，就要对语言的本质有所了解和认识，也就是说要了解和认识语言的基本性质、结构和组织规律。了解认识语言本质最直接的方式就是对不同的语言进行对比分析，描述它们之间的异同，服务于具体的语言应用。

从理论上讲，英汉语言对比不仅可以促进英语研究，而且可以促进汉语研究。

关于语言的普遍性，乔姆斯基认为可以由两种途径加以研究：一种是将不同的语言拿来加以比较来进行研究，并由此总结出关于语言普遍性的规律；一是深入细致地针对某个或某些语言进行研究。然后将研究出的个别语言语法规则放在普遍语言理论的大背景下做进一步研究和解释。

人类对母语有一种天然的依附感，在使用母语时靠的是一种习惯或本能。如我们在使用汉语时很少考虑为什么要这样说，这样说是否合乎逻辑，等等，我们自然地认为语言就是这样使用的，没有什么原因或理由。如果我们在语言研究中引入英语进行比对，发现其中的不同并加以整理，我们就会对母语乃至英语的组织结构有一个全新的认识，归纳出具有普遍性的结论，从而使语言研究变得更加丰富。

从实践的角度出发，对英语和汉语这两种语言加以全面比较，对开展翻译与教学是相当有益的。面对语言结构知识和不同语言体系之间的关系，我们可以通过对比分析二者之间存在的联系，进一步对二者的关系加以了解。同时，这样的比较，也让我们更加清晰地认识到了英语与汉语的异同。对双语知识也能够更进一步，使英汉互译的语言基础变得更加牢固。并且在两种语言的教学方法上，我们也可以通过对比分析二者的异同，来对教学方法做出改进，使教学的效率和效果得到改善进而提高，让曾经出现在英汉互译及遣词造句过程中，目的语被母语所干扰的现象得以消除。

前面讲过，人类对母语有一种天然的依附感，从不考虑母语使用的深层次原因。有些中国学生无视母语和英语的区别，经常犯一些非常荒谬、令人捧腹的错误。2012年全国硕士研究生入学考试中，有一个学生在英语作文中有这样一个句子：You must have think prepare. 乍一看，不知所云，结合上下文才知他本想表达"你必须要有思想准备"。这个学生完全不知英语和汉语在语法、用词上的区别，以至于写出如此不伦不类的句子。

对比语言学是一门新兴的语言学科，从其出现至今不过半个多世纪。但是从其诞生之日起，无论国外还是国内的研究学者都认识到对比研究是促进语言研究的新途径，是进行语言研究的一种极为有效的方法，它使得被对比语言的共性和特性更突出，使语言的描写和阐述更加精细。

二、英汉语言对比的起源和发展

语言对比研究的历史源远流长。自有语言接触以来，就有了语言比较。在对语言进行比较研究的过程中，由于人们的兴趣、目的、方法不同，逐渐形成了不同的语言学分支。对比语言学作为现代语言学的一个分支有两个主要源头，即欧洲和美国。欧洲传统的对比语言学起源于19世纪末20世纪初，代表了当时语言学研究的兴趣。这一传统的对比语言学研究大多是理论性的，并一直持续到20世纪60年代。美国传统的对比语言学研究始于第二次世界大战期间，这一概念由美国人类语言学家沃尔夫在1941年首次提出使用，他在《语言与逻辑》一文中最早提出了"对比语言学"这一名称，并指出可以将比较语言学中产生的新思想方法称为"对比语言学"，它旨在研究不同语言在语法、逻辑和对经验的一般分析上的重大区别。美国对比语言学的兴起主要是由于当时外语教学的需要。为了让大量的美国移民在短时间内掌握英语，学界当时认为外语教学最有效、最经济的方法就是"对比分析"。这一指导思想的心理学理论基础是行为主义的刺激—反应联想学习原则。该理论认为，外语学习过程是一个母语与外语之间建立起联想的过程。与此同时，美国结构主义描写语言学日趋成熟，提出了一套对语言的结构按层次进行切分的方法和程序，从而推动了对比语言学的发展。与欧洲传统的对比语言学相比，美国的对比语言学从一开始就服务于外语教学，被认为是外语教学的一个重要基础。20世纪60年代以后，这种以教学为目的的对比语言学的两个理论基础——行为主义心理学和结构主义语言学都受到了批判，因此对比语言学在美国从此一蹶不振。

对比语言学在欧洲的发展则选择了不同的道路。20世纪五六十年代，欧洲各国多个语言学派及其语言学家们对语言学理论对比研究做出了贡献。60年代中期，美国的对比语言学开始走向末路，而在欧洲对比语言学则方兴未艾，研究的重心开始从美国转向波兰、芬兰等欧洲各国，一大批有组织的对比研究项目蓬勃开展起来，这些项目有的侧重于理论研究，有的侧重于实践应用，但大多采用转换生成语法作为对比描述的语言学框架，这些项目的开展大大促进了对比语言学的发展，成果颇丰。不过此时的对比语言学研究绝大部分是英语和其他欧洲语言之间的对比。此后的几十年里，对比语言学得到了迅猛发展，并传播到欧洲之外的国家和地区，并有大量著作问世。

20世纪末，新的语言学理论层出不穷，涉及语用学、生成语义学、社会语言学以及认知语言学等方方面面，并取得了前所未有的研究成果。1998年，芬兰对比语言学家切斯特曼出版了专著《对比功能分析》，该著作被视为半个多世纪以来西方对比研究的集大成之作。他不仅尝试对涉及对比基础的一些概念进行哲理性探索，而且还从理论上将对比研究与翻译研究联系起来，提出了一套更具可操作性的对比研究程序，注重将对比范畴从外向的语用学层面延伸至内向的语言使用者心理，建立了一个宏大而又缜密的功能对比研究体系。这种从宏观走向更加宏观、从二维对比发展至多维立体的研究，昭示了对比语言学的历史发展趋势。

正当对比语言学以欧洲为中心进行着宏观对比以及理论建构的同时，中国的对比语言学也在蓬勃地开展。1977年，吕叔湘先生发表了《通过对比研究语法》一文，呼吁"要认识汉语的特点，就要非汉语比较……无论语音、词汇、语法都可以通过对比来研究"。该文章被视为中国的对比语言学学科形成的标志。此后的几十年里，来自汉语界、对外汉语界、英语界以及理论语言学界等各方面的力量形成合力，在语音、语义、语法、语用和文化等许多方面的中外语言对比上取得了丰硕的成果，研究的视角也从最初单纯的微观研究逐步发展到了宏观研究。

吕叔湘是我国语言学界的宗师级人物，他的贡献主要体现在对我国的语言对比研究上。这主要从四个方面表现出来：第一，对比较方法论进行积极的提倡。他认为，如果想要对一种语言的文法做深入的了解，对各种语言表现手法的相同与差异加以认识，就需要使用比较的方法。第二，努力实践比较方法论。吕叔湘先生从语音、拼法、词义、词类、词形变化、动词时态、非限定动词、词序以及析句等方面，本着严谨的研究态度，对英汉两种语言进行比较，区分出汉语和英语的重大差异，把二者的特点更加清晰地呈现在我们面前，指明了中国的英语教育的发展方向。第三，吕叔湘的贡献还体现在其理论和方法上，他试图通过达到求异、释异的目标，对应用性对比研究加以推行。第四，他对相关学科的建设和培育人才方面也十分关注。在我国，第一个英汉对比语法专业课程的创设，就是吕叔湘在背后贡献的力量，并由他亲自担任导师。自此，通过吕叔湘的不断推广，英汉语言文化对比课程在不少高校生根发芽结果，教育了一大批本科生和研究生。

在吕叔湘先生的号召下，从1990年开始中国的对比语言学研究进入了全新的发展阶段，更加注重理论的探讨和建设，并使中国的中外语言对比研究得以与世界对比语言学的发展齐头并进。1990年杨自俭、李瑞华主编了《英汉对比研究论文集（1977—1989）》，使英汉语言对比作为一个新的研究领域深入人心。对比研究不仅在于指明不同语言之间的异同，更重要的是要清楚地、科学地解释支配表层结构异同的内在因素。这一目的大大地提升了对比研究的学科理论高度，促进了国内英汉语言对比研究的发展。1991年，刘宓庆出版了专著《汉英对比研究与翻译》，开创性地提出了将对比语言学作为"翻译理论的核心"；1992年，许余龙出版了我国第一部就对比语言学的定义、分类、理论和方法进行系统论述的教材《对比语言学概论》；1995年，潘文国发表了《语言对比研究的哲学基础》一文，提出以洪堡特的"语言世界观"作为对比研究的哲学基础。2000年以后国内出版的对比语言学著作大都明显地运用了国外的理论，如彭宣维的《英汉语篇综合对比》（2000）和朱永生的《英汉语篇衔接手段的对比研究》（2001）主要运用了韩礼德的系统功能语法理论；李运兴的《语篇翻译引论》（2001）主要运用了国外系统功能理论；罗选民等所著的《话语分析的英汉语比较研究》（2001）则以国外的话语分析理论为指导。

三、语言对比的内容

语言对比是由微观与宏观两种对比方法构成的。语音、文字、词汇、语法等内容是微观对比研究的对象，语言习惯、文化背景等是宏观对比研究的对象。英语与汉语进行语言对比所运用的方法，主要是通过英汉翻译的实际例子进行分析，分析的内容包括了二者的语言风格、句法现象、词汇表达等方向上的差别，通过对比认识到词汇意义和语序安排上的相同和差异，对句子结构、句子顺序及内容表达上的特点加以掌握，运用科学的方法进行翻译的练习和实践。语言的表达方式与各种领域都发生着紧密的联系，这种联系不仅包括文化，还有思维和逻辑方式。同样，在语言的表达方式上，英汉在思维及逻辑方式上的差异也会显露出来。这些差异不仅会在语篇的思路和结构上有所体现，还会在句子的水平上表现出来。

在语言交际中，不同的语音要素所表达的不同功能以及各个语音包含的特点，共同构成了语音的社会性质。通过社会上约定俗成的方式，语音和其所要表达的意义得以确定下来。语音承担了语言的表达任务，不论何种语义和意义都是如此。而且语音的表现是有着较为标准的规定。换句话说，语音的表现能够表达何种语义以及语义的意思需要何种的语音表达，都是社会上已经约定俗成的，并非自然形成。音系学将语音的社会性质作为学科主要的研究对象。

英汉文字对比是英汉语言微观对比中的重要部分。文字学是语言学中以文字为研究对象的一个分支学科，创始于中国。英汉文字对比虽然属于英汉语言文化微观对比的范畴，但是其比较内容所涉及的范围却十分广泛，包括文字的起源与演变、文字的形体特征、文字在语言单位中所处的地位、文字的表音表意性质等。词汇是一种语言里所有的词和固定词组的总和。词汇学是语言学的一个分支学科，词汇学研究语言或一种语言词汇的组成、运用和历史发展。可以说词汇研究是语言学研究的一部分。古代汉语只能称之为语文学，并没有发展到西方系统逻辑的语言学的程度，但是汉语词汇学研究却历史悠久，它起源于我国古代的训诂学。长久以来，英语没有词汇学一说，可是词汇的研究却是由来已久。现代语言学的兴起和蓬勃发展也对词汇研究产生了巨大的影响。

研究语法的目的在于描写和总结语言的组织规律，其范围和内容随着人们对语法在语言中的地位的认识不同而不同。克利斯托尔指出：语法是在语音、语义之外，对语言内部结构关系的研究。研究语法，首先要确定基本的结构单位，如"词"和"句子"，进而要分析结构单位的相互配置、形成的模式及其与意义的联系。语法一般包括词法和句法，前者研究词的构成和功能，后者研究组词成句的基本规律。从句法角度进行对比研究，是英汉语法对比的一个主要内容。

提高语言的表达效果的方法是修辞学研究的内容，而修辞学研究的对象是修辞活动。修辞学作为一门科学，主要包括语音、词汇、语法中的各种修辞手段。从发源的角度来看，汉语传统修辞学与西方传统修辞学有着截然不同的出发点。西方传统修辞学以说服别人、在辩论中获胜为出发点，与演讲手段有着密不可分的关系，试图影响他人。中国传统思想强调修身养性，汉语传统修辞学主要着重于文字写作方面，是古代文人塑造人际关系、参与社会管理的必备技能，主要是以安身立命、维护君王统治、治国平天下为主要目标。

语篇对比属于对比语言学的范畴，英汉语篇对比研究是起步、发展较晚的一个领域。最大的语言单位的位置，长期以来一直被句子所占据。语篇分析在19世纪60年代开始奋起直追，超越了句子，成为更大的语言单位。从此，对篇章的分析成为语言的研究方向。韩礼德和哈桑在《英语的衔接》(Cohesion in English)一书中对英语语篇中的衔接现象进行了细致描写，把语篇的衔接手段分成五大类：照应、替代、省略、连接和词汇衔接。这一理论的提出对之后的英汉语篇衔接手段对比产生了深远的影响。

语用学是一门新兴的语言学分支学科。语用学的发展经历了一个漫长的阶段。直到20世纪六七十年代，语用学才成为一门独立的语言学分支学科。英汉语用对比研究涉及理论研究、话语结构、指示语、交往规则、交际行为、语用推理、委婉语和禁忌语、语用失误、语用教学等多个方面。

人类为了将文化思维经验传承下去，发明了语言这一特殊的表达方式。语言能够诞生，与人类文化的进步是息息相关的，没有文化的存在，语言也不会出现。同时，语言也对文化的交流和传播承担了载体的作用，并随着文化的发展而发展。语言就像一面镜子，对文化的面貌进行反映。并且语言的发展也会反过来影响文化，二者的关系是紧密相关的，如果脱离了彼此，它们都无法单独存在。随着英语学者和对比语言学学者对汉语研究的热情越来越高，关于英汉思维、文化及语言之间的影响这一问题的深入思考和研究已经发展成为英汉对比研究中的一门新学科。

第四节　英汉文化价值观差异及表现

对比文化的各个方面有助于把握文化的性质及其功能。这里从价值观、礼仪规范、节日、宗教几个方面来对比英汉文化。

一、英汉文化价值观比较

人们一般在对事物进行判断时，依靠的是自己心中形成的价值观。价值观是人们区分好坏、对错、与人们的欲望是否符合、可不可行的价值标准。当人们对事物的认识不断发展，在社会上的经验不断积累，一套价值观就会在人的心中慢慢成形，这就是价值体系。

不同的社会会有不同的价值观。一切事物，包括自然的和社会的，都可用价值观来判断其有无价值。人生的价值无疑是价值体系中最重要的内容，是一个社会的最高道德标准。价值观往往充满感情。人们自然地对好的事物表示感情上的支持、羡慕和赞扬，而对坏的事物产生厌恶、反感。价值观也是判断人与自然的关系的标准。在对自然的探索中，人类不断积累经验和知识并用于实践。这些经验和知识内在化于人的观念中成为价值观的一个组成部分，指导人与自然关系中的行为选择。一个社会的价值观倾向决定该社会的理想和目标。例如我国传统文化中占主要地位的儒家文化的核心之一就是"礼"。它要人们以"礼"为最高价值。"非礼勿视，非礼勿听，非礼勿言，非礼勿动"，要做到"君君，臣臣，父父，子子"，各守本分。依照这种价值观倾向形成的封建社会理想和目标就是封建等级原则、家族宗法观念、共性至上、安分守己、中庸之道、贵义贱利等。英美等资本主义社会以个人主义为最高价值。依照这种价值观倾向形成的社会理想和目标就是个性至上、竞争、实用主义、享受、成就、效率等。

西方国家推崇独立自主的个人主义，他们的价值观念就是权利等。受这种个人主义观念的影响。西方人十分看重个人权利的维护，向往自由。

个人主义价值观主导下形成的个体文化追求个体自由、互不侵犯、利益均衡，人际交往中的交际规则被看作处理人际关系的一种策略，个体自由绝对不可以被侵犯。西方人还对个人隐私十分看重，在他们看来个人隐私不仅仅是为了维护个人自由，更重要的是可以让自己在社会群体中保持完美的形象，从而获得平等的竞争和生存条件。因此，他们在谈话时很少涉及关于自己年龄或者疾病的话题，同时也比较忌讳谈论个人的财产和收入等话题。

中国人在整体思维模式下形成了集体主义价值观念，这种价值观念认为每个人都是群体中的一部分，而不像西方人所说的是孤立存在的独立个体。所以，群体之间逐渐形成了一些为各方均认可的价值观念和道德准则，如集体主义、对群体的依赖性等，以保证这种群体关系的和谐共处。这种观念在商务活动中显得尤为突出，谈判过程通常会经过团体内部反复的讨论和意见交换，才能最终达成一致。

集体主义观念指导下的人们在处理个人与集体的关系时，习惯上坚持"小家服从大家，个人服从集体"的原则，因此就产生了诸如"先天下之忧而忧，后天下之乐而乐"等具有明显的集体主义思想的话。人们在"礼"文化的教导下，懂得尊敬长者，知道礼让，维护上下尊卑的社会秩序。例如，在和老人打招呼时称呼"师傅""大娘""大爷"等。

中华文化推崇集体主义价值观，这种价值观下的人们很重视人际关系，他们相互体谅，相互关切，以诚待人。

二、英汉礼仪规范比较

"礼仪之邦"是中国五千年文明的历史沉淀的总结，这辉煌灿烂的文明史是我们这个社会文明存在与发展的基础。而中西方在礼仪方面也有着不小的差异，这一点在日后愈发频繁的国际交往中，愈加明显。在交际中就会因不同的文化背景、生活方式而产生各种各样的问题，所以研究中西方礼仪文化差异对跨文化交际起重要作用。

"吃了吗？""上哪去呀？"是中国人常见的见面打招呼的方式，这样的问候让人与人之间显得比较亲切。但是这些问候对于西方人来说就是触犯个人隐私的范畴了。英美熟人见面谈论的话题经常是天气的状况"It's a fine day, Isn't it？""It's a cold day."曾经有一位英国外教向学校领导抱怨经常会有人询问他要去哪里，要做什么，甚至陌生人也会这样问，他感到很生气，直到外事人员给他做出解释才罢休。另外，中国人见面寒暄还会涉及很多其他方面的问题，比如见了老年人通常会询问多大年纪、身体状况，见了年轻人会询问挣多少钱、结婚了没。在西方文化中，年龄、收入、婚姻、家庭情况、信仰等话题也都属个人隐私范畴，在谈话中都是应该忌讳的。

汉语中的称谓多种多样，在称呼姓名时可以根据不同情况有不同的称呼。比如李小冰这个名字，根据姓名可以称呼为小冰；根据年龄可以称呼为小李、老李、李老；根据性别可称呼为李先生、李女士、李小姐；根据亲属关系可以称呼为李叔、李婶、小冰阿姨，小冰姐姐；还可以根据职业称为李老师、李大夫；等等。相比汉语来说，英语中的称谓则比较笼统，对姓名的称谓形式是"名"或"Mr. Mrs.Miss.+姓"，如Will Smith，可以称为Will或Mr.Smith。西方人称uncle，可以涵盖我国的叔叔、伯父、舅父、姑父、姨父等；aunt可以涵盖我国的阿姨、姨母、姑妈、舅妈、婶娘等。此外，一些称谓可以用代表不同职业的象征词来表示，比如老师、医生等；职务称谓如局长、经理等；职称称谓如工程师、教授、博士等。在交流中人们很喜欢被称为某某经理、某某教授等，因为这是身份与地位的象征。但在西方，人们却很少用职称称谓称呼别人，如果某人是老师或是医生，是不能称其为某某老师或某某医生的，而应称其为某某先生、某某女士。

  在向人表示赞扬和祝贺的时候，中国人总会谦虚一番，因为中国以谦虚为美德。比如在向人赠送礼物时，中国人喜欢说"这是一点小意思，不成敬意"等。西方人向别人赠送礼物时喜欢说"This is my best gift for you, I hope you love it."在中国，有人夸赞我们衣服漂亮时，我们心里虽然很高兴，但嘴上还是会客气地说"一般啦，总觉得颜色老气了"或"款式不太好之类"的话。再比如，有外国朋友夸赞我们的英语说得好"Your English is quite well."我们通常第一反应回答"No, no, my English is very poor."，外国人听了这样的回答，则容易造成误解，他们会觉得你是在怀疑他们的审美判断有问题。因此，我们在回答西方人的夸赞时，最好的回答是直接道谢或爽快地接受。中国人在家中宴请客人时，主人常抱歉地对客人说"不好意思，没什么好吃的。"但外国人听了就不理解了，明明是满满一桌丰盛的菜肴，怎么说没什么好吃的呢？

  文化之间的差异是由于各民族的历史发展、风俗习惯、意识形态的不同而产生的，在对英汉文化进行对比上不能说谁好谁坏、谁对谁错，文化的形成是客观存在的。文化是一个开放的系统，随着全球化的推进，各国之间的文化交流也日益频繁，不同文化之间会相互影响、互相渗透，所以文化传统也必然会随之而发生一定的变化。当前，对英汉文化差异的研究已成为一个热门的学科，只有首先了解不同地域、不同民族的文化背景知识以及社会风俗习惯，才能更好地促进文化之间的交流。

三、英汉节日文化对比

随着社会的不断发展，一个国家或一个民族在漫长的历史过程中形成了很多独具特色的节日文化，形式多样、内容丰富。节日是一个民族精神和情感的重要载体。由于各个国家所处的地理环境、历史演变、文化背景、宗教信仰不同，形成了东西方截然不同的节日文化。

中国的传统节日主要有春节、元宵节、清明节、端午节、七夕节、中秋节、重阳节、腊八节等，英美国家的节日主要有 Valentine's Day（情人节）、April Fool's Day（愚人节）、Easter（复活节）、Mothers' Day（母亲节）、Fathers' Day（父亲节）、Hallowmas（万圣节）、Thanksgiving Day（感恩节）、Christmas Day（圣诞节）、Boxing Day（节礼日）等。

中国最重要的春节起源于殷商时期年头岁尾的祭神祭祖活动。正月十五元宵节是汉文帝为纪念"平吕"而设，后汉武帝正月上辛夜在甘泉宫祭祀"太一神"的活动。相传，清明节是开端于古代统治者们的"墓祭"之补，后来在民间流传开来，大家都在这一天回乡扫墓，祭奠先祖，逐渐演变为中华民族的一个固定风俗。端午节是为纪念诗人屈原而设立的。七夕节始于牛郎织女的传说。中秋节始于嫦娥奔月的传说。腊八节来源于古时人们欢庆丰收感谢神灵的祭祀活动。可见，中国的节日基本源于宗教活动和民间传说故事。英美国家的节日起源更加多样化，有源于基督教的，如最盛大的圣诞节是基督教徒纪念耶稣基督诞生的日子，复活节是耶稣复活的节日，有源于神话故事的，如情人节有源于感谢上苍恩赐的，如万圣节、感恩节，还有源于历史事件的，如愚人节、母亲节等。

人们欢度节日都是伴随着庆祝、狂欢，由于文化差异的影响，人们庆祝的方式则相差很大。中国人过春节要扫尘、祭灶、贴春联、包饺子、守岁、接神等，这些都是传统的风俗习惯。俗话说"腊月二十四，掸尘扫房子"，扫尘代表着要把这一年的穷运、晦气扫地出门，这就是老百姓所谓的"除陈布新"之意；祭灶也是重大的仪式，灶王爷管理家中的灶火是一家的保护神而受到人们的崇拜；除夕晚上人们整夜不睡迎接新年的到来，春节是辞旧迎新的日子。元宵节要吃汤圆，观社火，猜灯谜；端午节要吃粽子，赛龙舟；中秋节全家团圆吃月饼，这些都是中国人欢度节日的传统方式。

西方的圣诞节也是家庭团聚的节日，家家户户都要装扮圣诞树，基督徒要去教堂做盛大的礼拜，孩子们要在平安夜临睡前，在壁炉或枕头旁边放一只袜子，等圣诞老人晚上把礼物放在袜子里。感恩节人们都要品尝火鸡大餐，到教堂做感恩祈福。万圣节人们举行化装舞会，吃南瓜派，这一天是孩子们最欢乐的时刻。复活节期间人们穿新衣，打扫屋子，表示新生活从此开始，彩蛋是复活节的标志，它象征着新生命会降临。

随着跨文化交际的发展，中西方文化得到了很好的交流与深入，人们对节日的热情更加高涨。如今，中国的节日受到世界各国人们的欢迎，每到中国春节，遍布世界各地的华人在各个国家举行隆重盛大的狂欢，当地人们也热情高涨，共同欢度新年。他们借此学习中国文化和中国民俗，中国的春节已然成为世界性的重大节日。西方国家的圣诞节、情人节、愚人节等也同样受到中国人的欢迎，很多年轻人也运用西方的庆祝方式欢度节日，每逢过节中国的各种媒体也相继报道，超市商场也推出各种节日盛宴。可见全球一体化的推进，使世界各种文化互相影响、逐渐交融。

第二章　中国的英语教学

本章主要简单论述英语教学的方方面面，主要包括了英语教学的内涵、英语教学的基础理论、我国英语教学的整体状况以及我国英语教学的主要方法等，较为全面地介绍了英语教学，使读者对目前的英语教学有一定的了解。

第一节 英语教学的内涵

英语教学的内涵主要可以从两方面来论述，即英语教学的属性和内容。接下来我们就从这两个角度展开讨论：

一、英语教学的属性

英语教学的属性可以从以下三个方面来进行讨论：

（一）语言教学

英语教学属于英语学科，是一门语言的教学。

（二）外语教学

在我国，汉语是我们的母语，英语虽然是学校课程设置中的外语学科的主要语种，但是终究属于外语的范畴，因此英语教学属于外语教学。

（三）文化教学

英语既是作为一门语言而存在，又是那些母语是英语的人们或者在工作中需要使用英语的人们承载文化的重要载体，甚至对于世界来说英语也是重要的文化载体。对于我国学生而言，英语国家文化是不同于我国文化的外在文化，因此英语教学对我国师生而言还是一种跨文化教学。跨文化教学的目的是通过认知和理解外在文化建立起开放合理的认知、理解、选择和吸取外在文化的跨文化心态、价值取向和行为模式。

二、英语教学的主要内容

20世纪初，欧洲提出了英语教学主要以听、说、读、写四项基本技能及其文化传承为主要内容，根据我国的《英语标准》所提出的要求，我国英语教学的主要内容包括以下五个方面：

（一）语言知识

语言能力中的一部分是知识构成的。同时，知识还对语言技能的发展起到重要的作用。只有对语言中的知识加以了解，才能将这门语言学好。

我们可以从英语的语音、词汇、语法、功能以及话题五个方面，来进行英语语言知识的学习。

（二）语言技能

听、说、读、写、译以及运用这五项技能的综合能力构成了英语的语言技能。这五种技能既是学习的内容，又是学习的手段。

（三）学习策略

学生在学习时，为了提高学习效率，进而使用的何种方法、采取的各种行为和步骤就是学习策略的内涵。掌握了学习策略就掌握了如何高效、正确地学习英语。其中，认知策略、交际策略和资源策略共同组成了英语学习策略。

（四）情感态度

学生在学习时，其兴趣、动机、自信、意志、合作精神以及学生在学习过程中培养出的文化情感，都属于情感态度的一部分。

（五）文化意识

英语不仅是作为表达语言的一种工具，它更是可以展现一个国家的文化、礼仪、风土人情等等，是我们学习这个国家文化和语言的一大媒介。甚至它还能帮助我们对自身的世界意识进行培养。

第二节　英语教学的基础理论

一、语言本质理论

20世纪50年代后半叶，美国语言学界出现了一种全新的理论，即乔姆斯基的转换—生成语法，这一理论猛烈地冲击了当时在美国占主导地位的结构主义描写语言学，一场以乔姆斯基为代表的语言学革命就此掀起，这场革命对语言学界影响之深、波及面之广都是前所未有的。乔姆斯基的理论不但影响了语言学界，而且对认知心理学、二语习得理论、计算机科学都有重要的影响。

转换—生成语法是乔姆斯基的代表性理论。1957年出版的《句法结构》一书标志着这一理论的诞生。乔姆斯基在之后的近半个世纪的时间里，都在孜孜不倦地完善自己的理论，让这一理论的解释力变得更强。

概括地讲，乔姆斯基的转换—生成语法有以下四个方面的特点：

第一，语言不仅仅是一种语言，学习语言的过程是烦琐而漫长的，在这个过程中，会形成各种各样的理论，被一直沿用下去。因此，在乔姆斯基的转换—生成语法中，语言被定义为一套规则或者原理。

第二，专注语法研究。语言学家慢慢把研究语言变成研究语法，这种对研究对象的转变其目的是让一种具备生成能力的语法被人们创造出来。而这个语法在运用时将会面对语言习得和语言普遍性的问题，因为这个语法被创造出来就是为了体现本族语者所默认的知识。

第三，在外语学习方面，乔姆斯基完全依靠自己的直觉去判定和组织相关的理论。对于本族语者所默认的知识材料的揭示，乔姆斯基和他的追随者都十分感兴趣，但是他们在对那些资料的使用上，却是很少见到，基本都是依靠自己的直觉。

第四，采用的是假设——演绎语言的普遍理论，这个理论被个别语言的语法所验证，每一个个别语法又是关于普遍语言、普遍理论的假设。

对乔姆斯基来说，语言不只是一种口头上的表达，它更是一种行为。和人们其他行为一样，它也有着自己的行动规则。没有规矩，不成方圆，有了这些规则，语言才得以被顺利表达和理解。而且人们学习语言并不是学习某一个特定的句子就可以了，有了这些规则之后，人们可以用基本的语言结构去创造更多、更复杂的句子，实现语言的创造性。之所以人类语言这么丰富，正是由于人在不断地进行语言创造，而这种创造就离不开相应的语言规则，它们之间是相辅相成，相互依赖的关系。

我们肯定也曾有过这样的疑惑，为什么小孩子在还没有上学识字的时候就会说话，就能够用自己的母语顺利表达自己的意思了呢？乔姆斯基就针对这一问题进行了研究，他发现，虽然儿童接触到的都是结构较为简单的语言，虽然他们的生活条件也会有差异，智力上也存在差别，但是一般到了五六岁，儿童都能掌握母语。乔姆斯基认为，儿童习得母语是在一种缺乏刺激的条件下进行的，而且他们习得语言的时间还很短。这就是因为在儿童的大脑里，有一种名为"语言习得装置"起着关键的作用。在此基础上，学习语言依靠的是天赋，而儿童对语言的学习就有这种与生俱来的能力。这种机制被称为"语言习得机制"。乔姆斯基运用类比方法进行推理进而得出"普遍语法"，乔姆斯基之所以会得出这种结论，是因为他认为人们说哪种语言是由原则和参数抽象系统组成的，因此，各种语言之间的差别在一定程度上可以归结为参数的设置不同。儿童所处的语言环境以及他们接收到的语言信息是决定儿童学会英语还是汉语的关键，由于儿童长期接受着某一语言的信息，他们的大脑就会对这一语言设置相应的参数。

虽然对儿童习得母语方法的探讨才是乔姆斯基将普遍语法假说进行研究的初衷，但是在外语的学习上，这个理论也有很重要的启示意义。

二、语言功能理论

20世纪50年代，英国功能学派有一个对语言的社会功能进行研究的代表人物韩礼德。他认为，之所以要从功能角度来研究语言，是基于两方面的原因：第一，研究语言的功能是为了揭示语言是如何使用的，为将来的语言发展探索打下基础；第二，研究语言的功能还有助于建立语言使用的基本原理。因为语言的演变是基于它不断地完善其功能，那么社会功能的演变对语言本身的特性也将会产生相应的影响，所以要研究语言本身，从功能角度来进行研究是必不可少的一个步骤。

按照英国著名语言学家韩礼德的看法，语言学是关于言语行为或话语的描述。也就是说，如果通过研究语言的使用情况，集中了所有的语言功能和其构成意义，就能够将语言学清晰透彻地了解明白。同时，韩礼德发展了马林诺夫斯基的观点，他提出，儿童语言的发展实际上就体现了对语言社会功能的逐渐掌握。他还认为语言功能具有宏观功能和微观功能的双重地位。这一观点充分体现在《语言功能的探索》一书中。

在儿童学习母语的初级阶段，微观功能就已经出现了，该功能包括以下六种：

工具功能（the instructional function）。即用语言来取物。例如：I want.

规章功能（the regulatory function）。即用语言来支配别人的行为的功能。例如：Do as I tell you.

相互关系功能（the interactional function）。即用语言达到自己与他人交际的功能。例如 Me and you.

个人功能（the personal function）。即儿童用语言来表达自己的情感意义，如兴趣、喜恶等的功能。例如 Here I come.

启发功能（the heuristic function）。即使用语言帮助儿童认识周围世界、学习和发现问题的功能。例如 Tell me why.

想象功能（the imaginative function）。即到一定的时候，儿童可以用语言创造自己的世界的功能。例如 Let's pretend.

到了儿童成长的后期，他们还掌握另外一种功能，也就是信息功能。所谓信息功能，一般是说超过一岁半的儿童可以用语言来向别人传递信息，但是他们这种信息的传递和成年人是不一样的，在他们的这种语言中，一句话只有一种功能，也就是传递一种信息，不会出现多种功能。

韩礼德认为，随着儿童的语言逐渐向成人语言靠拢，功能范围逐渐缩减，这些微观功能就让位于丰富且更加抽象的宏观功能。所谓宏观功能的三种含义分别是概念功能、交际功能和语篇功能。概念功能，指的是语言能够传递新信息的功能，也就是人们通过语言的表达能够接收到他们所不知道的信息。语言的交际功能是可以对社会关系进行表明、建立和维持。语篇功能包括了语言将连贯的话语或文章创造出来的功能。也就是说，语言的体验模式和逻辑关系是由概念功能建立起来的,社会关系则由交际功能来体现,语境内容的关联则体现了语篇功能。在韩礼德的观点中,概念功能、语篇功能和交际功能有着你中有我、我中有你的密切相关的联系,彼此之间不是主次的关系。当语言结构中体现出语言情景的特征时,概念意义的选择就被话语范围所决定,话语意义的选择就被话语方式所决定,交际意义的选择就被话语基调所决定。由此,韩礼德通过语言本身的语义来落实语言的情景,对情景与语言本身的关系进行了具体而清晰的说明。

韩礼德对语言功能的论述从另一个角度去看待语言本质,加深了语言学界对语言的理解。这一理论为功能—意念教学流派(或称交际法)的建立提供了重要的理论依据。

三、语言交际能力理论

1965年,乔姆斯基出版了《句法理论面面观》一书。在书中,"语言能力"和"语言运用"两个概念被引入语言学的研究当中。按照乔姆斯基的说法,所谓语言能力,需要从两个方面来解释,就是说话人和听话人的语言意识所谓语言运用,是指语言在具体情境中的实际使用。这是乔姆斯基对语言能力的观点,针对这一看法,语言学界也是观点不一,他们从不同的角度来看待,就会有不同的态度。有些学者在对语言使用者和相应的理论进行探讨时,常常把研究的出发点设置为语言的社会交际功能。其中,美国的社会语言学家海姆斯是最具代表性的人物,乔姆斯基的理论对他提出"交际能力"的概念有着一定的启发作用。此外,卡南尔和斯温也对交际能力做过较为详细的论述。下面我们就来看看他们分别有什么样的观点和看法。

(一)海姆斯的交际能力理论

针对上述乔姆斯基关于"语言能力"的言论,海姆斯提出了与乔姆斯基不同的观点。在他看来,乔姆斯基没有根据语言的使用去谈论"语言能力"。对人们在社交过程中,语言是否进行了合理地使用,没有进行系统的思考。针对这一问题,海姆斯认为人们的语言能力体现在交际过程中,只有通过实实在在的、全面的语言交际,才能真正体现出一个人的语言能力,这也就是所谓的交际能力。这就是海姆斯与乔姆斯基两人观点的区别之处。

两者相比较，在乔姆斯基的单一言语共同体中，理想的说话人和听话人的语言能力的主要构成元素是普遍语法和个别语法，所以他的这种"语言能力"更应被视为一种语法能力。而海姆斯的观点则是看重对语言的使用，他认为，在现实生活中，具有交际能力意味着人们不仅可以获得语言规则的知识，而且还可以获得语言在社交中使用的规则。在海姆斯看来，一个人的交际能力不仅应包括语法知识和语言能力，而且还应包括心理（可行）、社会文化（得体）和使用概率（实际出现）等方面在内的一种判断能力。因而，交际能力应包括以下四个方面：

第一，在形式上，能够对合乎语法的句子进行辨识和组织。例如，知道"I want going home"这种说法是错误的，并能说出或写出"I want to go home"。

第二，能判断语言形式的可行性。比如，知道"The mouse the cat the dog the man the woman married heat chased ate had a white tail"是合乎语法的，但几乎没有人会这样讲，即不可行。

第三，在交际过程中，使用语言时更为得体。从语法上考虑，有些句子是没有问题的，但却无法在实际中加以运用，因为那样的语境下，使用起来是不合适的。下面的对话中 B 的回答就是一例。A：What happened to the crops？ B：The rain destroyed the crops.

第四，知道那些可以实际上说出来的话语应该是什么样的。有些话没有真正说出来的时候，在形式上看来是可以说出来的，而且也是得体的，但是当遇到实际情况时，却没有人会那样说或者根本说不出来。

（二）卡南尔和斯温对交际能力的分析

卡南尔和斯温在《第二语言教学和测试交际法的理论基础》一文中论述了交际能力的组成。按照他们的分析，交际能力包括以下四个方面的能力：

1. 语法能力

所谓语法能力就是乔姆斯基所说的"语言能力"或海姆斯所指的"形式上的可能性"，即语音、词汇和语法等知识。

2. 语篇能力

语篇能力指的是在理解句子之间的关系和意义的时候，联系上下文或者特定的篇章，把句子组织起来，编写成新的篇章的能力。比如，"他答应来吃饭"这句话，可以在不同的语境或上下文中表达不同的意义。它可以是以言述事——用句子来叙述事实，也可以是以言做事——做出一次允诺，也可以是以言成事——使听话人感到高兴。

3. 社会语言能力

社会语言能力是指当人们身处一定的社会情境时，能否得体地运用语言的能力。也就是说，处于社会中，人们将会面对各种各样的情境，在不同的情境中需要说不同的话，以达到不同的目的，这就是社会语言能力的体现。众所周知，说话人在不同的环境中总是以一定的社会身份出现的。一个英语教师在学校里上课时对学生使用的语言会与他和同事谈话时使用的语言不一样；回家后，与子女谈话时使用的语言又会与和父母谈话时使用的语言不同。这些不同的语言形式是由这位教师在不同场合下，以不同身份出现时的具体情况来决定的。这一现象属于在不同的社会环境中使用不同语体的问题。

4. 策略能力

策略能力还有一种说法是补偿能力。这项能力是人们为了达成交际的目的，采用语言或非语言手段的策略。人与人的交际可谓奥妙无穷，看起来很简单，若是不小心谨慎，就容易让别人产生误会或猜忌。所以就要用到一定的策略来开启与他人的交际。当人们在交际时，知道运用怎样的方法使得谈话变得有效且顺利，这就是交际的策略能力。这项能力包含了"进行谈话，承接、转换话题和结束谈话"等步骤。而后来的语言研究和外语教学，都深深受到了卡南尔和斯温关于交际能力分析研究的影响。他们认为，语言教学应当对组成交际能力的那四种能力进行重点培养。

第三节　我国英语教学的整体状况

一、大学英语教学研究的重点

在不断发展的过程当中，文化越来越受到教学目标的重视，为此，我国的英语教学也要相应进行改进。以往，教师更加注重知识的传授，外语教学的主流通常是"语法——翻译教学法"和"听说法"。词汇和语法是教学的重点，学生在英语教学中得到的技能就是听、说、读、写等最基本的语言技能，这也就是传统的教学目的，在应试教育的背景之下，教师们忽略了与语言相关的文化的传授，导致的结果就是虽然学生掌握了大量的词汇和语言练习，但在不了解当地文化的情况下，还是很难运用到实际当中去。

从一开始英语教学进入中国的教学开始，不管是微观角度还是宏观角度，外语教学界就已经对相关语言的文化教学进行了深入的探索和全面的研究，他们针对文化和语言的关系提出了从属、并行、融入三种较为有效的教学方式，也就是在进行语言教学的过程当中要与相关的文化相结合。

英语教学一直发展到今天，相应的文化教育也在不断发展，教学界相继提出了"1+1＞2"和文化创造力的观点。这些观点认为，在进行语言教学的同时伴随文化教育，不仅仅是让学生掌握一种语言，增强自身的竞争力，在有助于个性的塑造的同时，创造力方面也有很大程度的提升，更有助于完善学生的人格和促进学生的整体提升。也就是说，在英语文化教学的过程中，有两个层次要着重注意，首先是文化知识层次，这也是文化教学的初级阶段，逐渐深入也就进入了第二个层次，即文化理解层次，相应的文化教学方法有文化旁白、同化法、文化包、文化丛等。

在进行英语教学的研究当中，如何在英语课程上自然地添加相关的语言文化是一个研究的热点和重点，例如在语言的教学过程中适当导入一些相关的文化，也就是将其作为外来事物，与教材的内容相结合，也就是所谓的"文化导入"。教师在利用这种方式进行文化教学时并不是盲目随性进行的，而是要循序渐进、有所针对地进行教授。还要避免的一个问题就是教师在进行文化教学的时候，往往是在时间允许的情况下进行,一旦接近考核或其他情况,就会放弃或缩减相关方面的教授,即使教授也是选择一些自己感兴趣的内容进行讲授。教师在进行文化教学的过程当中,通常是以课本上的知识为主,相关的文化顺带结合。也就是说,文化教学仍然是知识教学的附加,在教学中的地位还不是主流;即使传授,很多教师也是就自己擅长或感兴趣的内容进行讲授,导致的结果就是学生对相关文化的了解并不全面,浮于表面,对该语言的了解和使用也就不自然。

虽然现在大学英语教学的研究越来越深入,相关的文化教学也成为研究重点,但研究方向更多关注在文化教学、讲授以及提高学生的跨文化交际能力等方向,更加深入的如相关语言的表层文化与深层文化、文化定式与偏见、文化的历史与关联等方面的内容却很少见,这也为以后的研究指明了方向。

二、大学英语教学面临的挑战

大多数人都存在这样一个误区,那就是之所以要学习外语,就是要对该语言所在国家的科技、政治、经济等有更加深入的了解,并与该国的人们进行相关的商业、教育甚至是文化上面的交流等。这样的认知太表面,如果没有相应的文化教育,人们对当地的文化不了解,在沟通方面就会造成很多障碍,有时候甚至会适得其反。因此,在外语教学的实践中一定要重视文化方面的教育,一旦缺乏文化方面的结合,教授过程不仅枯燥,有时候甚至是没有任何意义的。当今世界,随着开放力度的不断加大,全球化趋势越来越明显,英语的地位与影响自然水涨船高,成为全球化的通用语言。掌握英语以及相关的文化,不仅能与来自相关地区的人进行沟通交流,同时也掌握了一种全新的跨文化交际能力,甚至掌握了一种跨文化的思维方式,这就更加凸显了文化教学的重要性。

随着全球化的范围越来越大,英语已经成为全球的一种通用语言,不管是以英语为母语还是以其他语言为母语,他们之间的交流都要通过英语来实现。因此,跨文化交际能力成为英语学习者成功交际中一项必不可少的能力,这也就导致英语教学实践必须将学生实际掌握的跨文化交际能力的培养当作英语教学目标。当今世界,随着信息的普及以及传达的便利,人们越来越频繁地参与到交际当中,尤其是跨文化的交际当中。这就更要求交际的双方要对对方的文化和语言有一定程度的了解与深入，只有充分具备了该种语言的交流能力和对该语言所在的文化有更加深刻的了解，才能促进跨文化交际的成功性。相对来讲，在交际的过程中使用外语，存在一定的困难，但学习者能通过这次交际机会体验新理念，同时也可以接触到不同的文化，并对两种文化进行比较。此外，这样的经历也会让学生展现自己的个人信念、态度和观念。

所谓的交际能力，指的就是人们在一定的环境中，能用得体的语言和方式进行沟通的能力。所谓跨文化交际能力，更加强调文化的不同，也就是说在不同的文化氛围中，想要进行交际的人所掌握的对该文化的洞察能力和态度的积极性。它强调交际能力的重要性，但同时它也强调视野的扩展性。

现阶段，培养学生的跨文化交际能力已经成为我国的外语教学的教学目标之一。在制订大学英语教学的大纲时，就要将语言教学和文化教学的相互结合呈现出来；在编写大学英语教材的时候就要将与语言相关的文化内容增加进去；教师在教学的实践过程当中要在文化教学上下更大的功夫，让学生尽可能多地掌握与该语言相关的文化知识，转移更多的注意力到与该语言相关的文化上。

当前，在大学英语教学的实践当中，有众多的因素影响着跨文化交际能力的培养。与此同时，不同文化层次的障碍对跨文化交际能力的培养也会产生一定程度的不良影响。要想解决这些问题，教师首先要做的就是在进行文化教学的时候不能忽略自己本身文化的教育，对于培养学生跨文化交际能力来说有一定的促进作用。其次，要重视深层次的文化培养，不仅要让学生了解文化的历史根源与发展，还要发散学生的思维，学会多角度、多方面地思考问题，避免形成思维定式，同时还要避免学生形成民族中心主义等，只有这样，才能有效培养学生的跨文化交际能力，进而在跨文化交际的过程当中更加顺畅。

第四节　我国英语教学的主要方法

本节主要围绕英语教学法进行具体阐述，这里主要介绍英语教学的三种主要的教学方法。

一、交际教学法

（一）教学目的

交际法教学以对学生外语交际能力的提升为其教学的主要目标。"交际能力"这一概念首先由美国社会语言学家海姆斯提出。在他看来，语言学习者要具备三种能力（图 2-4-1）。

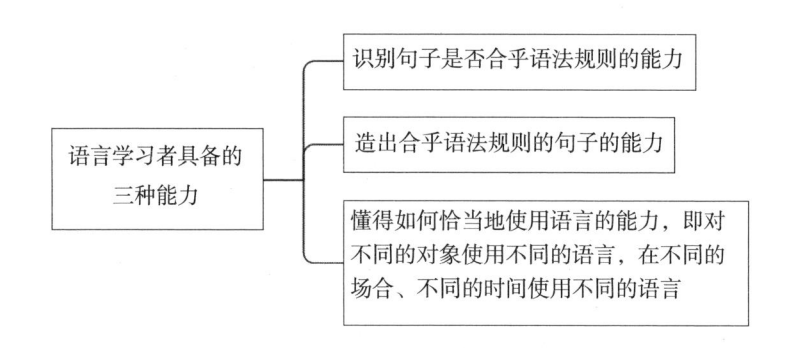

```
                    ┌── 识别句子是否合乎语法规则的能力
                    │
语言学习者具备的 ────┼── 造出合乎语法规则的句子的能力
   三种能力         │
                    └── 懂得如何恰当地使用语言的能力，即对
                        不同的对象使用不同的语言，在不同的
                        场合、不同的时间使用不同的语言
```

图 2-4-1　语言学习者需要具备的三种能力

由此可见，学生的交际能力是外语教学最该重点培养的能力。只有学生懂得了语言的意义、功能与形式，才能真正达到这一目标。

虽然语言的结构采用了不同的形式来表现，但是这些不同的形式表示的功能却可以是相同的。这对于学生来说是应该具备的能力。并且他们还应当知道，不同的功能也可以用同一种结构来表示。比如用祈使句的表示如下所示：

请求——Pass the salt.

建议——Try the smoked salmon.

（二）教学活动特点

在上文中，我们对交际教学法的目的做出了一番探讨，想必每位读者对这部分内容已经有了清晰的认识。下面，我们就其教学活动特点进行具体阐述。

20 世纪 80 年代初期，利特尔伍德出版了自己的著作《交际法》，在当时得到了强烈的反响。他在该书中提到了交际法教学活动的类型（图 2-4-2），对读者有所启发。

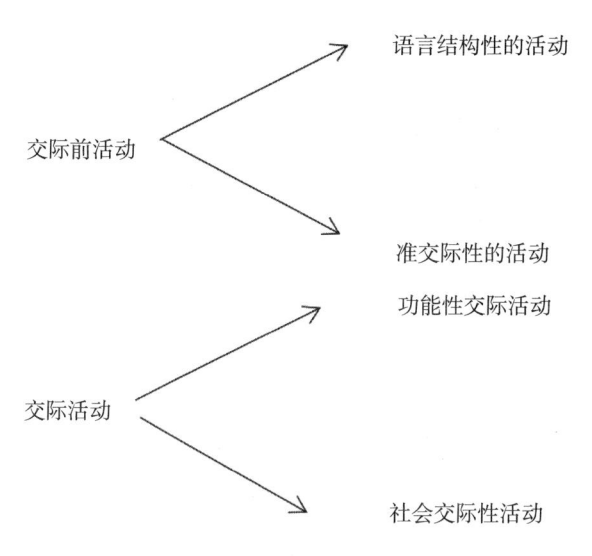

```
                            → 语言结构性的活动
              交际前活动 ⟨
                            → 准交际性的活动

                            → 功能性交际活动
              交际活动   ⟨
                            → 社会交际性活动
```

图 2-4-2　交际法教学活动的类型

在许多提倡交际法的学者看来，交际活动是具有鲜明特点的。经过长期的分析与研究，我们对其做出了总结，主要归纳为三个方面，分别是信息沟、选择性、消息的反馈。

如果对话不具备上述三个特点的话，那么就可以说它不是真正的交际。所以，在教学活动的设计过程中，每一位英语教师都应该重视以上三个特点，其重要意义不容忽视。比如说，在教师以"Is it + adj (colour)？"句型对学生展开训练时，教师可以先提问：我在想着一个带有色彩的球体，你们可以猜到那个球是何种颜色吗？学生就可以用"Is it white/yellow/black/green...？"来反问。这样的操练相较于听说法的句型练习有着很大的进步。

另外，真实性材料（包括外文的报刊、电影等），往往会被教师应用于教学之中，这也是交际法教学活动的特点之一。

（三）能力培养重点

在上文中，我们对交际教学法的教学活动特点做出了一番探讨，想必每位读者对这部分内容已经有了清晰的认识。下面，我们就其能力培养重点进行具体阐述。

提倡交际法的教师、专家与学者，比较注重语言的功能。因此，他们在对大纲进行编写的过程中，就喜欢依照功能大纲来编写。按照先易后难的顺序，把简单的功能放在前面介绍，把复杂的功能放在后面介绍。

对听、说、读和写的训练是从开始就要一直持续下去的。让说话者和倾听者之间进行口头的磋商，来实现口头交际的训练；而到了书面交际时，读者就不仅要将文章读懂，还要对作者的意图有一个大致的了解，这样才能在与作者的互动过程中获得彼此的理解。

（四）教材的设计

在上文中，我们对交际教学法的能力培养重点做出了一番探讨，想必每位读者对这部分内容已经有了清晰的认识。下面，我们就其教材的设计进行具体阐述。

交际法教材通常包括三种，即纯粹功能型、结构功能型和题材型。

纯粹功能型教材具有自身的缺点，即语言结构缺乏系统性。

结构功能型教材依旧缺乏完善的系统性特点，尽管它已经对第一种教材的缺点作了修正，但是对功能意念项目的考虑依旧是其所缺乏的。

题材型教材弥补了以上两种教材的缺点，可以说是比较完美的教材设计形式。实际上，高等教育出版社出版的 Experiencing English，就是按题材型编写的教材。该书每个单元的编排，都是围绕着一个话题进行的。学生通过进入情境、体验情境、在情境中运用英语而学习英语。不容置疑的是，这种教材具有许多优点，主要表现在三个方面（图 2-4-3）。

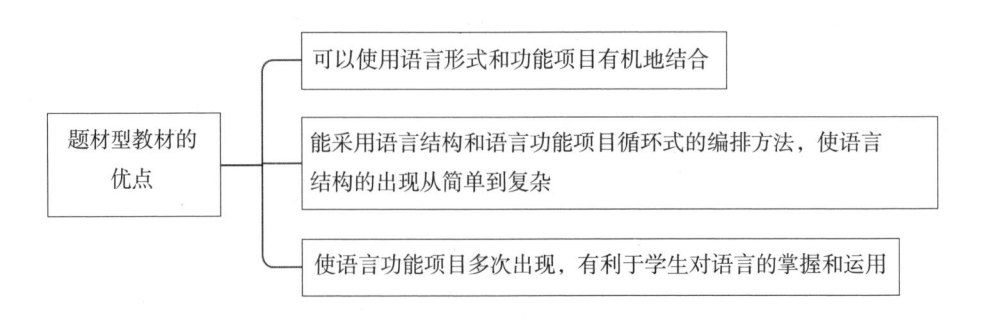

题材型教材的优点
- 可以使用语言形式和功能项目有机地结合
- 能采用语言结构和语言功能项目循环式的编排方法，使语言结构的出现从简单到复杂
- 使语言功能项目多次出现，有利于学生对语言的掌握和运用

图 2-4-3 题材型教材的优点

（五）教师与学生的作用

实际上，在交际法中，教师既是教学的组织者，又是顾问，同时还是个交际者。使学习变得更加具有趣味性、更加容易，是其主要职责。在交际法的课堂里，学生将会以交际者的身份运用交际的手段来学习交际。

二、语法—翻译法

在上文中，我们对直接法做出了一番探讨，想必每位读者对这部分内容已经有了更加深入的认识。下面，我们主要围绕语法—翻译法进行具体阐述，内容包括教学目的、教学活动特点、能力培养重点、教材的设计、教师与学生的作用五个方面。

（一）教学目的

对学生外语词汇和语法规则的培养是语法—翻译法教学的主要目的。究其原因，是这些老师错误地认为把学生阅读文学作品的能力提升上去就实现了学习外语的目的。而且，他们还认为学生的思维能通过做语法的相关练习来得到拓展。

（二）教学活动特点

在上文中，我们对直接法的教学活动特点做出了一番探讨，想必每位读者对这部分内容已经有了清晰的认识。下面，我们就其能力培养重点进行具体阐述。

经过长期的分析与研究，我们对语法—翻译法主要的课堂教学活动做出了总结，主要归纳为四个方面（图2-4-4）。

语法—翻译法主要课堂教学活动：
- 对整篇课文大意的译述
- 把课文逐句从外语译成母语的活动
- 对课文中语法规则做演绎式的讲解
- 直接阅读课文，以加深对课文的理解

图2-4-4　语法—翻译法主要的课堂教学活动

假设我们现在正处在一个讲解语法—翻译法的课堂中,教师讲授的内容是"最后一课",我们大致可以猜到,教师可能会对这节课的课堂活动进行这样的设计:

首先,关于作者和写作背景将在教师的母语介绍下逐步展开。紧接着教师会让学生初步地理解文章的整体意思,翻译文章的大意。

其次,教师会对课文进行逐句地翻译。在这个步骤里,教师会先带领学生阅读本课需要学习的单词,教会他们发音和词义。在对课文进行翻译的时候,教师会一边读原文,一边翻译。并且强调重点的句子、词组和单词。遇到需要学习的语法知识,就会对其中的语法现象、规则和用法进行详细的讲解。逐句翻译和语法讲解这部分会花费大量的课堂时间,是语法—翻译法课堂教学的中心活动。教师在教授第一段"I was very late that morning on my way to school and was afraid of being scolded. The master had told us he would question us on verbs, and I did not know a thing about them, for I had not studied my lesson."中的第一句时,教师会边朗读"I was very late...",边把它译成"那天早晨上学,我去得很晚,心里害怕挨骂"。教师还会复习短语"on one's way to a place",并说明它的意思是"在去某地的路途中"。为让学生更好地掌握该短语的用法,教师会举例"He is now on his way to Shanghai"是"他在正在赴上海途中"的意思,"On my way home / there / here, I Saw my teacher, Mr.Li"中,home前不用"to",因为home是副词。教师还会让学生翻译一些句子,如"上学途中我碰见李明"。

在讲授第一句下半句时,教师会较详细地解释"of being scolded",说明"being scolded"是动名词的被动式。他不但会说明动名词被动式的构成法—being + 过去分词,而且还会举例说明其用法。比如,动名词的被动式可放在动词后面,也可以放在介词后面,如"I remember being taken to Beijing when I was a child."和"Li Ping came in without being asked." I 是 being taken 的语法主语,Li Ping 是 being asked 的语法主语,但这些都不是逻辑主语,因为它们不是主动者。教师在讲解全篇课文时,可以采取边翻译、边演绎的讲解方法。并且鼓励学生在进行课文朗读和翻译练习时,要多多使用英语进行练习。

在教师向学生传授了语法知识,做了课文翻译之后,下一步就会教学生在阅读课文完毕后，为了让学生对课文整体的理解更为深刻，教师会组织进行阅读理解的练习。通常这样的阅读理解练习的选项都是多项选择。例如：

Choose the correct answer to each question according to the text.

Where was the writer of the story from？

A.France

B.Germany

C.England

D.Switzerland

至此，教师整整一节课的教学内容就算基本完成了。如果时间还有富余，教师还可以将一些翻译练习安排在课堂上。

（三）能力培养重点

在上文中，我们对语法——翻译法的教学活动特点做出了一番探讨，想必每位读者对这部分内容已经有了清晰的认识。下面，我们就其能力培养重点进行具体阐述。

词汇、语法、阅读以及写作方面的学习，是语法——翻译法特别强调的内容，也是对学生能力培养的重点。但是，对学生听、说能力的培养显然不够。

（四）教材的设计

在教材的编写上，外语的文学原著（或来自原著的改写本），作为主要的材料加以使用。语法现象和项目的出现顺序会对课文的组织编排产生重要的影响。并且语法项目的解释、练习以及词汇表等也会出现在课文之后。

（五）教师与学生的作用

教师是知识的灌输者与课堂教学的组织者。而学生只能服从教师的指令，显得十分被动。

三、情境教学法

在上文中，我们对语法——翻译法做出了一番探讨，想必每位读者对这部分内容已经有了更加深入的认识。下面，我们主要围绕情境教学法进行具体阐述，内容包括教学目的、教学活动特点、能力培养重点、教材设计、教师与学生的作用五个方面。

帕尔默和霍恩比是情境教学法创立的主要代表人物。情境教学法产生的影响十分深远，如今依旧有很多人还在按它的原则编写教科书、工具书和字典，如《新概念英语》(New Concept English)、《现代高级英语学生字典》(The Advanced Learner's Dictionary of Current English 后来改名为 Oxford Advanced Learner's Dictionary of Current English)等。虽然情境教学教学法和听说法有共同的理论基础，但是情境教学法也有不同于听说法的特点，即它强调语言在情境中的应用。

（一）教学目的

教师希望学生的听、说、读、写四种基本的语言技巧，通过情境教学法的方式得到训练。他们认为，获得这些技巧必须通过对语言结构的掌握，而语言结构又是通过口语的训练去掌握的。

（二）教学活动特点

在上文中，我们对情境教学法的教学目的做出了一番探讨，想必每位读者对这部分内容已经有了清晰的认识。下面，我们就其教学活动特点进行具体阐述。

亚历山大为使教师能遵循情境法的教学原则和操作步骤去教授《新概念英语》，在教师用书中，他不但就每册课本提出了具体的操作步骤，而且对每一课的课堂活动也做了详细的说明。《新概念英语》的教学活动主要有三个方面（图2-4-5）。

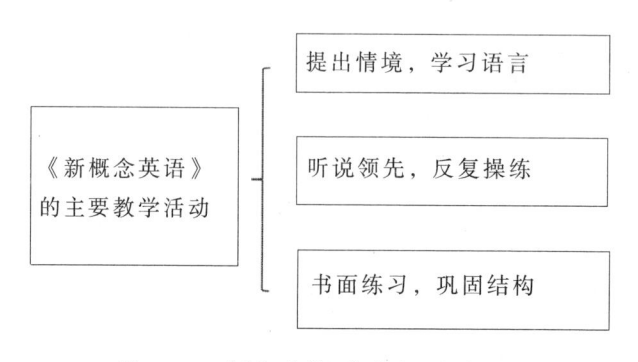

《新概念英语》的主要教学活动：
- 提出情境，学习语言
- 听说领先，反复操练
- 书面练习，巩固结构

图 2-4-5 《新概念英语》的主要教学活动

教师首先根据课中提供的图画（情境）向学生交代将要学习的内容，接着是听力训练。听对话或课文的朗读（或录音）。由于教师要求学生闭书而听，所以学生接触不到文字的信息，只能接触声音、图画的信息。之后教师开始讲解课文，尽可能地使学生明白其中的新词汇与语法。教师在解释的过程中，主要使用英文，母语也可以使用，但是只能是面对较为困难的词汇时。教师在训练学生掌握课文的重点结构时，应首先让学生对课文的内容加以理解，之后再行训练。教师可以在训练时把一些语言线索或情景加入训练中，让训练更加有趣多变。学生也能够从老师不同的线索和情景中获得不一样的训练体验，使语言结构的训练能够更加有效。

用句型操练形式练习时，教师提供关键词和练习的模式，并将上课时学习的结构拿来训练学生。教师还可以在句型训练完成后，在黑板上写一些关键词，并让学生按照关键词对文章的内容进行复述。

教师所安排的笔头练习也是建立在听、说练习的基础上的。而且笔头练习的形式可以有许多种，如回答问题、句型转换、造句等。

（三）能力培养重点

在上文中，我们对情境教学法的教学活动特点做出了一番探讨，想必每位读者对这部分内容已经有了清晰的认识。下面，我们就其能力培养重点进行具体阐述。

在《语言教学的途径和方法》一书中，里查兹等总结了情境教学法的六大特点。通过分析这部分内容，我们得出了一个结论：听、说方面的能力，是情境教学法对学生的培养重点。

（四）教材的设计

经过长期的分析与研究，我们对情境教学法教材编写方面的特点做出了总结，主要归纳为两个方面（图 2-4-6）。

```
┌─ 按照语言项目的出现频率。选择词汇
情境法 │  和语法项目，常用的先安排，先教授
教材编 ┤
写特点 │  按照从简单到复杂的原则安排和组织
└─ 教学内容
```

图 2-4-6 情境法教材编写特点

情境法教材编写的这两个特点，在《新概念英语》中得到了很好的体现。从词汇项目的角度来看，它先覆盖韦斯特所编的常用词汇表中的 2000 个常用词。然后才教授一些较难和频率没有那么高的词；从语法结构的角度来看，先教授简单句，然后并列句，最后才是复合句。

（五）教师与学生的作用

教师是情境教学法中的课堂活动设计者与指挥官。作为语言楷模，教师以正确的英语去设计学习的情境，成为学生模仿的对象。而且在课堂中，教师会一直观察学生发生了哪些错误，以便更好地、有的放矢地设计后续的教学。

初期，学生按照教师的话去做，扮演模仿者、执行者的角色。后来，学生的水平必然会有所提高，教师可以用一些不具备强控制性的活动来鼓励学生多提问和多对话。

第三章　运用英汉比较的英语词汇教学

本章主要分析英汉对比视角下的英语词汇教学，包括英汉构词和词义的对比、英汉词语搭配的对比、英汉词类的对比以及英汉对比在英语词汇教学中的应用四个部分。

第一节　英汉构词与词义的对比

一、英汉构词的对比

（一）语素

语素是词的组成单位。有的词只有一个语素，如 dog，soldier，man 等。有的词有两个语素，如 teacher 由 teach 和 -er 两个语素构成。有的词还可由三个语素构成，如 handwriting 就由 hand，writ（-e），-ing 三个语素构成。

汉语中字、语素、词的分辨相对来说困难些。对于汉字来说，一个汉字就可以包含一个语素的内容，而一个语素被两个或两个以上的汉字来表示的情况是比较少的，如"山、人、村子、仿佛、琵琶、坦克、布尔什维克"等。一个词可以由一个语素构成也可以由几个语素构成，如"山"由一个语素构成。而"山村"由"山"和"村"两个语素构成。

语言学家划分语素的标准并不统一，但通常使用的方法有两种：

1. 自由语素和黏着语素

自由语素可单独使用，成为一个词。如 senseless 中的 sense（意义），worker 中的 work（动词，工作），faithful 中的 faith（信任），都是自由语素。

黏着语素只能和其他语素结合才能使用。英语地沾着语素必须与另一个语素（自由语素或黏着语素）结合，才可成词，如 -less，-er，-ful 等。

黏着语素又可分为曲折语素和派生语素。

曲折语素不能构成新词，也不能改变原词的词类。现代英语中，曲折语素可表示下列意义：

（1）标示名词复数的 -s 及其变体

cup—cups（-s） photo—photos（-s） boss—bosses（-es） foot—feet（-ee） sheep—sheep

（2）标示一般现在时第三人称单数

work—works（-s）study—studies

（3）标示名词所有格

the baker's students' James'

（4）标示动词过去时、过去分词和现在分词

	原形	过去式2	过去分词	现在分词
规则动词	pinch	pinched	pinched	pinched
	point	pointed	pointed	pointing
不规则动词	tell	told	told	telling
	fogive	forgave	forgiven	forgiving
	sleep	slept	slept	sleeping

（5）标示部分形容词的比较级和最高级

原形	比较级	最高级
fine	finer	finest
hot	hotter	hottest
good	better	fine
little	less	least

但现代英语中的 -er 和 -est 有被 more 和 most 代替的趋势。如 cloudy，common，polite，quiet 等双音节词均可用 more 和 most。

英语的曲折语素数量有限，而且 1500 年以来没有再增加。汉语中只有"们"加在指人的名词后面时，才起到曲折语素的作用，如"同志们""战友们""乡亲们"等。

派生语素具有附加意义但并不构成词的语义基础。如 rewrite，supermarket 中

的"re–"和"super–"；modernize,meanness,worker 中的"–ize""–ness""–er"等。

2. 词根、词缀和词尾

根据语素在词中的不同作用，可以把语素分成三类：词根、词缀和词尾。汉语的"第二""初二""老二"中的"二"是词根，它体现了词的核心意思。而"第""初""老"则是词缀。英语的 worker, workless, workday 中的 work 是词根。

有的词根可以单独成词，叫作自由词根；有的词根不能单独成词，就是黏着词根。英汉语言中都有许多自由词根，它们本身是基本词汇的成员，又是构成新词的基础。例如：

英语：sun, walk, red, talk...

汉语：水、大、车、雨、人……

英语地黏着词根大多是从外语，尤其是从希腊语和拉丁语中借来的。它们只是固定在希腊语和拉丁语的借词中，不能把它们避离出来构成新词。但随着科学技术的发展，许多科技新名词需要用这些词根来构成，因此，这类词根的构词能力也有所发展。如 contain, detain 和 retain 中的 tain；conceive, deceive 和 receive 中的 ceive 等。通过学习这类词根，有助于扩大词汇量和提高推测词义的能力。如 viv（vit）含有"生命、生机"的意思，下列词中，都与此有关：revive（复活），vital（生命的），vitamin（维生素）。

有些古代汉语的基本词，发展到现代汉语阶段，不再以词的形式存在于语言中，而作为语素则可以自由地和别的语素组合成词。这样的语素失去了独立成词的能力，也应划在黏着词根的行列中。如"首"（第一，最高的，头）是古代汉语的基本词，在现代汉语中则已演变为专职语素，可用它构成"首先、首长、首席、首创、首都、首倡、首富"等词。但不能说"我的首"。常见的黏着词根很多，例如：

（1）战——战败、战备、战果、战术、战略、战士、战役、战云、战局、战场

（2）委——委任、委派、委婉、委托、委屈

（3）威——威逼、威风、威吓、威严、威信

黏着词根从自由词根中分离出来，对现在汉语词汇的发展是极为有利的。大量双音节词的形成大大丰富了汉语词汇，同时减少了单音词的同音混淆现象。

词缀是黏附于词根的语素，不能单独成词。它或者表达某种意义，或者表达某种附加性的词汇意义，如英语 realism（现实主义）中的 -ism；preview（预习）中的"pre-"。根据词缀在词中的位置，可分为前缀、中缀、后缀。

词尾即曲折语素，是黏附在词根或词根与后缀的组合之后，只表示性、数、格、人称、时态等语法意义。

（二）现代汉语的构词方法

构词法是利用构词材料，按照构词规律构成新词的方法。语言中词汇的丰富主要是靠通过构词法创造新词来实现的。构词法与语法关系密切，因而语言有其语法上的特殊规律和一般规律，在构词法上也会有其特殊规律和一般规律。复合法、重叠法、加缀法和简缩法共同组成了汉语合成词的构成方法。其中加缀法又可以将其表述为派生法。

1. 复合法

由两个实语素（词根）相互融合而成。它又可分为以下五种类型：

（1）联合式。由意义相同、相近或相反的实语素并列融合而成。例如：语言、兄弟、东西、美丽、光明、是非、长短、开关、甘苦、忘记。

（2）偏正式。后一个语素被前一个语素的修饰所限制时，应将后一个语素的意义作为标准。例如：红旗、火车、皮鞋、棉衣、鲜红、轻视、热爱、雪白。

（3）补充式。当后一语素的意义是对前一语素意义的补充说明时，以前一语素的意义作为标准。例如：鼓足、提高、车辆、花朵、书本、认真。

（4）支配式。前一语素表示动作或行为，后一语素表示动作或行为的对象。例如：出席、发言、干事、司令、注意、负责。

（5）陈述式。前一语素的含义表现了陈述的对象，后一语素的含义是陈述了前一语素的含义。例如：年轻、性急、胆大、地震、体重、心疼。

2. 重叠法

由语素重叠而成。例如：爸爸、哥哥、刚刚、仅仅、偏偏、马马虎虎、清清白白、干干净净、研究研究、讨论讨论、鲜红鲜红。

3. 加缀法

语素是由实语素（词根）和虚语素（词缀）共同组成的。其中语素核心的部分是实语素,表达了词汇的意义。语素的附加部分是虚语素,是对词性或感情色彩的表示。而所谓的前缀是在实语素之前附着虚语素,在后的叫后缀,在中间的叫中级。汉语通过加缀法构成的词数量很有限,前缀和后缀也较少,多数由词根转化而来,而且往往保留词根的特性。常见的前缀有"老—,阿—,第—,初—,可—"等,常见的后缀有"—子,—儿,—头,—师,—员,—度,—性,—气,—式"等,中级有"里,不,得"。

词缀 + 词根	例词
老—	老师、老虎、老乡、老外
阿—	阿爸、阿妹、阿姨
第—	第一、第八次、第一线

词缀 + 词根	例词
—化	绿色、简化、美化
—子	刀子、袖子、桌子
—儿	头儿、花儿、鸟儿

中缀	例词
—得—	来得及
—不—	来不及
—里—	妖里妖气

另外,还有叠音词缀,例如:红彤彤、绿油油、酸溜溜、甜丝丝。这些词缀只是借了原词的语音,已经与原词的意思毫不相干。

4. 简缩法

短语缩略而构成的新词。例如:北京大学(北大)、外籍教师(外教)、对外贸易(外贸)、人民代表大会(人大)、彩色电视机(彩电)、北大西洋公约组织(北约)。

(三)英汉构词法的对比

在英语灵活多样的构词方法中,最为常用的四种方法分别是:复合法、派生法和转类法。

1. 复合法

复合法是一种能够构成新词的构词法，这种方法能够把两个或两个以上的词排列成新词，但是需要通过一定的顺序来操作。通过复合法构成的新词，被称为复合词（Compound）。在构词方面，复合法为英语的发展发挥着不可忽视的积极作用，大量的新词因为复合构词法而诞生。但英语的新词构成中，更多的还是使用派生法，复合法在汉语中的使用比英语更为广泛。因复合法构成的词汇，在英语中的比例也没有汉语中的复合词那么大。

（1）判断英语复合词的标准

如何判断英语的复合词尚没有确认的标准。语言学家提出的标准有以下三条：

①书写标准。按这一标准，复合词有三种书写方法：

A. 密排（Solid），如 earth rise（地出）

B. 用连字号（Hyphenated），如 teach-in（宣讲会）

C. 分开写（Open），如 hotline,（热线）

书写标准并不完全一致，有时同一个复合词可以有不同的形式，如：

Flowerpot flower-pot flower pot

Airline air-line air line

②语音标准。一些特殊的重音会在复合词中出现，通常第一成分会有重音的出现，第二个成分上会有次重音的出现。在复合词与一般短语的区分上，可以通过这种语音标准来进行。如：Black bird(次)（画眉） black bird(次)（黑色的鸟）。

我们知道书写标准不是十分可靠的，在这一点上，语音标准也是一样。如：grass（重音）roots（基础），red（重音）tape（官样文章）等。

③语义标准。

一个具有单一意义的词组——这是许多语言学家认为的新的复合词的定义。然而所谓的"单一意义"的含义过于模糊，因为无法确定复合词与组成这个复合词的成分之间的词义关系。有的词汇意义甚至在复合词中得到了保留，如：sunrise（日出）toothache（牙痛）。而有些语素的原意却发生了改变，如：Hot dog（一种香肠）、blue collar（蓝领工人）。

复合词的词义与其组成成分的语义确实有着某种语义上的联系，但如果你认为把组成复合词的各个成分的意义简单相加就是复合词的词义，那么就大错特错了。

（2）复合词的类型

一个复合词的词性与其组成成分的词性也经常不一样，如 breakneck 是由动词和名词合成的形容词。复合词可按照词性分为复合名词、复合动词和复合形容词等。每一类又可按构成成分之间的句法关系，分成若干小类。

①复合名词（Noun compounds）。

A. 主谓式（Subject and verb）：sunrise（the sun rises 日出），heartbeat（the heart beats 心跳）。

这种构词法相当于汉语的复合法陈述式：地震、兵变、国营、霜降等。

B. 动宾式（Verb and object）：pickpocket（to pick pockets，小偷），birth control（to control birth，计划生育）

这种构词方式相当于汉语复合法支配式：拖鞋、连襟、卷烟、司令等。

C. 主宾式（Subject and object）：steamboat（steam powers the boat，汽船），honeybee（the bee produces honey，蜜蜂）。

D. 限制关系（Restrictive relation）：raindrop（a drop of rain，雨滴），moonwalk（a walk on the moon，月球漫步）。

E. 同位关系（Appositive relation）：pine tree（the tree is a pine，松树）。

C、D、E 在汉语中均属偏正式。

F. 动词短语式：sit-in（静坐示威）breakdown（损坏），take off（起飞）。

②复合形容词（Adjective Compounds）。

A. 主谓式：suntanned（skin）（sun tanned the skin），weather-beaten（rocks）（weather beat the rocks）。

英语的主谓式是由名词加动词构成，而在汉语里，形容词可直接作谓语。故在汉语里是名词加形容词构成主谓式。如：性急、肉麻等。

B. 动宾式：peace loving（to love peace），heart breaking（to break heart）。

英语动宾式中，动词需变为现代分词形式，动、宾位置颠倒。而汉语中的同类结构的复合词则不需要，如：安心、夺目、进步、露骨等。

C. 名词+形容词：color blind（色盲），skin deep（肤浅）。

汉语中也有语法结构相似的复合词：雪白、血红、冰冷、铁青、煤黑、光洁等。

D. 联合关系：Sino-American（中美的），sociolinguistic（社会语言学的）bitter-sweet（又苦又甜的）。

汉语中结构相似的词也很多：伟大、美丽、热烈等。

③复合动词。按构成的方式，复合动词可分成两大类：

A. 由逆成法构成的：housekeeper—to house keep，proofreader—to proofread，air conditioner—to air condition。

B. 由转类法构成的：nickname—to nickname，machine-gun—to machine-gun。

（3）英语构词功能形成的复合词

从以上比较可以看出，英汉复合词在结构上相似之处很多的。这是因为英语和汉语同属分析语。词序（word order）在句法中占有重要地位，而词的形态变化很少。还会有少量的曲折语素在英语中出现，这种曲折语素具备构成新词的功能，要触发这种功能，只需要把曲折语素缀加在其他词语。这一点是英汉语之间的重要区别之处。以下将英语分词、动名词、名词复数、形容词比较级等构词功能分别加以分析。

①分词（Participles）。分词是动词的一种非限定形式可起到形容词和副词的作用。分为现在分词和过去分词两种，都可作定语，构成复合词，但意义有区别：现在分词在语态上表示"主动"，在时态上表示"进行"，而过去分词则分别表示"被动"和"完成"。如developing countries（发展中国家）和developed countries（发达国家），the exploiting class（剥削阶级）和exploited class（被剥削阶级）。

靠分词构成的复合词可分为两类。

A. 分词可直接修饰名词，构成复合名词。

现在分词+名词：leading role（主角），running water（自来水），flying fish（飞鱼）。

过去分词+名词：guided missile（导弹），armed forces（武装部队），steamed bread（馒头）。

B. 由形容词（名词）+现在分词，副词（名词）+过去分词均可构成复合形容词。

形容词（名词）+ 现在分词：fine-sounding words（高调），easy-going man（好说话的人），ocean-going ship（远洋轮船）。

副词（名词）+ 过去分词：simply-furnished room（陈设简单的房间），heart-felt thanks（衷心的感谢），thunder-struck houses（遭受雷击的房屋）。

②动名词（the Gerund）。动名词跟分词一样，也是动词的一种非限定形式，由动词原形加 -ing 构成。动名词虽然在形式上与现在分词相同，但意义上有区别。现在分词通常都表示所修饰人或物的动作，而动名词通常不是。

现在分词　　　　　　　　　　　　动名词

sleeping man（睡着的人）　　　　sleeping car（卧铺车厢）

Flying fish（飞鱼）　　　　　　　flying suit（飞行服）

这两种组合的读音也不相同，如果分词作修饰语，分词和名词同样重读，如 smiling faces（笑颜）。如果是动名词作修饰语，后面的名词无重音，如 laughing-stock（笑柄），writing table（写字台）。

③名词复数。名词复数形式加名词可构成复合词，如：customs house（海关），goods train（货车）。

④名词所有格。名词所有格加名词可构成复合词，如：cat's paw（受利用的人），cat's eye（猫眼石）。

⑤形容词比较级。形容词比较级可转类为动词，如：He lowered his gun.（他放下了枪。）

2. 派生法

派生法所使用的构词方式是将词缀加入词根中以构成新词。在英语的构词法中，派生法占据极其重要的地位。使用派生法构成的新词，仅在第二次世界大战以后就约占所有新词总量的 17.5%。

前缀和后缀分别是构成英语词缀的两种形式。前缀对单词的词类不会造成影响，一般只对词的意义做出改变。如形容词 predictable（可预料的），加上前缀 un 变为 unpredictable（不可预料的），词义发生变化，而词类保持不变。少数前缀也可改变词类，如 rich（adj.）和 danger（n.）加前缀后变为动词 enrich 和 endanger。

后缀则会对单词的词类造成影响，此外，还会影响词类的意义的改变。如动词 Protect（保护）加上后缀就成为名词，意思为"保护者"或"保护装置"。

（1）前缀（Prefix）。夸克等人在《当代英语语法》中将构词力较强的前缀按语义分为八类：

①表示否定的前缀（negative prefixes）：un-，non-，in-，dis-，a-。

②表示倒序或否定的前缀（reversiveorprivative prefixes）：un-，de-，dis-。

③表示轻蔑的前缀（pejorative prefixes）：mis-，mal-，pseudo。

④表示程度或尺度的前缀（prefixes of degree or size）：out-，over-，under-。

⑤表示态度的前缀（prefixes of attitude）：co-，counter-，pro-。

⑥表示位置的前缀（locative prefixes）：super-，sub-，inter-，trans-。

⑦表示时间或顺序的前缀（prefixes of time and order）：fore-，ex-，re-。

⑧表示数目的前缀（number prefixes）：uni-/monobi-/di-，tri-，multi-/poly-，semi-/demi-。

（2）后缀（Suffix）。英语后缀通常按照其所附属词根的词性，又可按加后缀后构成的派生词的词性来划分：

①名词后缀（noun suffixes）：king—kingdom（n—n）careful—carefulness（adj—n）

②动词后缀（verb suffixes）：quick—quicken（adj—v）

③形容词后缀（adjective suffixes）：meaning—meaningless（n—adj）point—pointed（n—adj）

④副词后缀（adverb suffixes）：back—backward（n—adv）

可见，词缀有表明词性的作用。英语的名词后缀有 -ation，-er，-hood，-ship 等，动词后缀有 -en，-ify，-izew 等，形容词后缀有 -less，-y，-able 等，副词后缀有 -ly，-ward，-isew 等。词缀在汉语中也有同样的作用："老—、阿—、—性"是名词的标志；"—化、打—"是动词的标志；"—气、可—、—式、—得、—然"通常是形容词的标志。但汉语词缀所表示的词性有时并不固定。

汉语的词缀数量有限，这一系数比较封闭（closed），较难产生新词。除名词、动词、形容词有少量词缀，大多数词没有形态标志。而英语的派生法极高产（productive），有时一个词可加几个词缀。如图 3-1-1 所示：

$$\text{work} \begin{cases} \text{worked} \\ \text{workable—workably} \\ \text{workness} \\ \text{worker} \\ \text{worklike} \end{cases}$$

图 3-1-1　词缀示例

3. 缩略法

首字母缩略词有两种：一种是首字母缩略词（initialisms），按各个开首字母的发音读；一种是首字母拼音词（acronyms），按单词拼音规律拼读。

4. 拼缀法

对原有的两个词的首部或尾部进行取舍，合成一个新词，这种方法叫拼缀法。常见的拼缀词（blends）有 smog（smoke+fog），烟雾，botel（boat+hotel，汽艇游客旅馆，smaze（smoke+haze），烟霾。

了解英汉构词法的异同，掌握构词法的知识有助于英语学习。

二、英汉词义的对比

（一）词义分析

1. 词义

词的意义一般由词汇意义（lexical meaning）和语法意义（grammatical meaning）这两种不同性质的意义组成。词汇意义是客观对象在人的意识中的概括反映，语法意义是在词的组合中表现出来的关系意义。比如，shot 是动词 shoot 的过去式或过去分词，这是它的语法意义；"射击"是其词汇的意义。词义是词汇意义的简称。词的语法意义紧密联系着词的词汇意义。而词汇意义因为语法意义的差异产生某些改变。例如：

Over 1,000 students stormed into the Senate building.

译文：一千多名学生冲进了参议院大楼。

storm 原为名词，其词义是"风暴"，而句中的 storm 转化成动词，就带上了"冲进"的强烈的动作色彩。

词的语法意义属于语法范围内研究的问题，这里只分析词汇意义。

语音是词的物质外壳。词义是词的内容方面，是客观事物和现象在人们头脑中的概括反映。词义、语音、和客观事物被统一在复杂的联系之中。

词义与语音、客观对象的联系都是直接的，而语音与客观对象的联系却是间接的，词的语音形式只有通过词义才能跟客观对象发生联系，即成为客观对象的符号。语音与客观事物之间的关系完全是约定俗成的。

在长期的语言实践中，人们约定以某一固定的语音指称某一客观对象，它们之间就有了固定的联系，客观事物的存在就是词义形成的基础。

词汇中有些词只有一个意义，如"台风"指"一种猛烈的风暴"，"氧气"是"一种气体，为人和动植物呼吸所必需"。有的词具有两个或两个以上的意思，如 light 有"轻的气""微弱的""少量的""轻松的"等几个意思。这种现象称为一词多义（polysemy）。

2. 义项与义素

同一个词内的每个词义称为义项，具有两个以上义项的词称为多义项。英语 tall 有以下几个义项：

（1）身材高的，高的：a tall man/a tall pine。

（2）夸口的，难以置信的：tall talk。

（3）巨大的，高的：a tall price/a tall drink。

现代语义学研究中的新发现，使语义的微观分析成为可能。语言学家把音位分析中的区别性特征的原理应用于词义分析，取得令人鼓舞的成果。这就是义素分析，或称为成分分析。根据这一方法可以把每个义项切分成几个义素。下面是通过语义特征（semantic features）的对比提取出来的义素（+表示具有某项特征，-表示缺少某项特征）：man（+人+男性+成年），woman（+人-男性+成年），boy（+人+男性-成年），girl（+人-男性-成年）。

3. 概念意义与内涵意义

人脑会对客观事物进行概括的反映，通过这种反映所形成的意义，就是词的概念意义（denotative meaning）。词的概念意义是词义的基础，它不仅对客观对象的本质特征进行了反映，还对客观对象在人脑中产生的理性认识进行了反映。

词的概念意义就是辞典中对它所作的解释。如"水"是由两个氢原子和一个氧原子结合而成的最普通的氢氧化合物，无色、无味的液体。但不同的人对客观事物的认识深度不同，没受过良好教育的人可能只知道水是无色、无味的液体。

人们的主观评价和感情态度是会伴随在词的客观对象进行概括反映的过程里。而这样诞生的主观评价和感情态度就是词的内涵意义（connotative meaning）。人们主观上引申了对词的概念意义，就形成了词的内涵意义。

如"雪"的概念意义是空气中降落的由水蒸气凝结而成的白色结晶。而它往往在人们心中引起"洁白无暇"的联想，这就是它的内涵意义。"血"则可使人联想到"刚强"（血性、血气方刚）、"残暴"（血腥、血债、血战）、"亲密"（血肉相连、血亲）等含义。

英汉两个民族所要表达的事物与思想是不完全一致的，两种语言的词项也存在着差异。这种差异是概念意义的差异，没有词项的一方就需要用短语来解释性地表达：

punk：20世纪70年代初在英国发展起来的青少年帮派，衣着丑陋、无视戒律约束，表现出青少年的失意、愤怒和厌倦。

hippies：嬉皮士，20世纪60年代在西方国家特别是在美国出现的颓废派青年。他们身着奇装异服，主张非暴力主义。

即使两种语言中对相同事物的表达，其语义划分上也存在着差别。英汉语言中的对应词，其语义也往往不是一一对应的。一一对应的情况是个别的词语，主要是术语。例如：Sociolinguistics（社会语言学），Helicopter（直升机）。

这时，对应词的词义应看作是相等的（图3-1-2）。

MC=ME

（M=Meaning；C=Chinese；E=English）

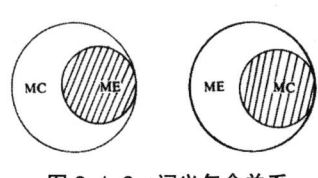

图 3-1-2　词义包含关系

语义上有一条"重要性规律",重要的事物,会产生较多的词汇来表达;重要的区分特征,会产生出新词来加以区分。爱斯基摩人的语言中有区分七种不同的雪或其存在状态的词汇就是这个道理。同理,英国伦敦常有雾,英语中就有"fog"和"mist"两个词将"雾"和"薄雾"加以区别。随着工业污染的加剧又产生了"smog"(烟雾)一词来区别这种人工形成的对人体危害更大的"雾"。而汉语中只有一个"雾"。要表达"mist"这个概念,就需在前面加修饰词,变成"薄雾"。

与此相反,英语中对亲属关系的表达不需要像汉语那样明确,因为中国过去乃至现今都要"男女有别""长幼有顺""内外有分"。直系同辈亲属名词可用义素表示为:

兄(+直系+同辈+男性+年长)

弟(+直系+同辈+男性-年长)

姐(+直系+同辈-男性+年长)

妹(+直系+同辈-男性-年长)

Brother(+直系+同辈+男性)

Sister(+直系+同辈-男性)

更多的情况是,英语词与汉语词之间的概念意义表现为错综交叉的关系,特别是有些词在特定语境中词义受到限制。例如英语中 morning 与汉语中"清晨"两个词的词义显然是交叉的。这种关系如图 3-1-3 所示。

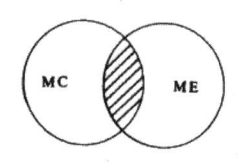

图 3-1-3 词义的交叉关系

有时,英汉语言中会发生词的概念意义相同,但内涵意义发生不同的情况,当然有时也会相同(说两种语言的人对客观对象的主观评价相近)。学习外语的人在面对这种情况时,要注意分辨什么情况是相同的,什么情况是不同的。

（1）母亲：母性、母爱。

Mother：love，care and tenderness. 如：mother-like。

（2）冰：冷淡、冷酷，如冷若冰霜。

Ice：lack of friendly feelings. 如：ice-cold，ice-berg（感情上冷冰冰的人），to break the ice（使气氛活跃起来）等。

（3）铁：刚强、强硬，如铁面无私、铁腕人物、铁人、铁军、铁石心肠等。

iron：of great strength（of character），如：muscles of iron（铁一样结实的肌肉），an iron will（钢铁般的意志），with an iron hand（以铁腕），an iron-man（铁人），iron-hearted（铁石心肠）。

两个词之间虽然具有相同的概念意义，但是二者的内涵意义却不一定相同。"龙"在中国人和西方人的心中所产生的联想就有着巨大的差异。英语国家的人看待这两种动物的印象与汉族人的印象恰恰相反。

"龙"在英语中常被认为是"凶暴"的。这里我们将《现代汉语词典》与美国《韦伯斯特新世界辞典》中，对龙的释义进行比较：

龙：①（中国）古代传说中的神异动物，能兴云降雨。如龙宫、龙王。②封建时代作为帝王的象征，也用来指帝王使用的东西。如龙袍、龙床。③活跃、喜庆、吉祥。如龙腾虎跃、龙争虎斗、生龙活虎、龙凤呈祥。

Dragon：①神话中的怪兽，通常表现为巨大的爬虫，生有翼爪，嘴能喷出烟火。②凶暴的人，凶恶严格的监护人。如：the old Dragon（魔鬼），dragonish（凶暴的），dragonnade（使用军队迫害）。

上述的差异其实是民族习俗导致的，并不能说任何一方的理解就是不合理的。而这也提醒了我们在学习英语时，对这些与文化背景有关的知识也要予以关注。

4. 语体意义与感情意义

词的语体意义就是它的使用范围和场合。有的词可以应用于各种场合，有的词只适用于某种特定的场合。如"今天是我的生日"不能说成今天是我的诞辰，因为"诞辰"只适用于庄重的场合，如果应用于日常口语中，就带上了诙谐的意味。可以用于各种场合和各种文体的词具有中性的语体意义，只适用于特定场合的词就具有特定的语体意义。

在语体意义为中性的词汇中基本词汇是语言学习的重点。

有一些词表示着与人们的生活息息相关的事物,我们将这些词称为基本词汇（common core vocabulary）。这些词的使用权是全民享有的,如汉语中的"人、山、水",英语中的"air, long, black"等词。全民族的共同活动与基本词汇的基本的概念和情境有着密切的联系。但是不同的民族,由于其生活环境等因素的不同,导致了全民族共同活动的不同,进而也影响了基本词汇也会产生各种差异。如英语中常用的一些词"oak, butter, steak, to dismiss, parliament"等,在汉语中不常用,而汉语中的"面条、饺子、武术"等词在英语中则很少见到。

但由于社会发展加快及各民族交流的增加,一些基本词汇有互相渗透的趋势,如"面包、经理、咖啡、啤酒"等词在汉语中的使用频率越来越高。

基本词汇有以下特点：中性的语体意义、使用频率高、构词能力强、具有的义项多。因此,在外语教学中,特别是在低年级,基本词汇的学习和掌握是教学的重点。

具有特定语体意义的词常被加上各种各样的标签、以显于该词运用的场合。最实用的区分是正式（formal）和非正式（informal）,而将中性语体意义的词置于它们中间。有时可将极端正式和极端非正式的词分化出来,分别加上拘谨（frozen）和熟悉（familiar）的标签。如下：

frozen—formal—neutral—informal—familiar

拘谨——正式——中性——非正式——熟悉

在英语中,外来词（主要来自法语、拉丁语和希腊语）主要构成了那些语体意义较为正式的、书面的、拘谨的词语,而他们本地诞生的词语的语体意义多是中性的、非正式的、口语的、熟悉的。与之相比,汉语中的文言词主要构成了其语体中的正式的和拘谨的词语。

在语言学习中,辨别词的语体意义是十分重要的,因为语言的使用必须与语境相符。这包括说话的对象、场合、话题、方式（口语或书面语）等因素。如果语体与语境不符,会显得滑稽可笑。因此,也常被作家用以达到幽默效果。如：

A young lady home from school was explaining. "Take an egg," she said, "and make a perforation（穿孔）in the base（底部）and a corresponding（对应的）one in the apex（顶点），Then apply（运用）the lips to the aperture（孔径），and by forcibly in-haling（吸入）the breath the shell is entirely discharged（排出）of its content（内容物）."

为描述吃鸡蛋这样一件日常生活中极为通俗的事情，这位女士竟然使用了大量术语，简直像是在写一篇学术论文。这显然是没注意到话题（subject matter）的缘故。话题作文，不仅要注意词的语体色彩，而且要注意其感情色彩。英语中有一部分词含有感情色彩，而多数词在感情色彩方面是中性的。

第一类是表示强烈感情的叹词，如：oh，dear me，good heavens，nonsense，Gee 等。

有些词的感情色彩是明显的，因为它们的概念意义就是明显的褒贬含义。如 love，dear，admire，treasure 等词含有褒义，而 abhor，hate，dirty 等词含有贬义。词的内涵意义褒贬不一，也带上了不同的感情色彩。如 imperialism，hegemony，aggression 等词带有贬义；而 home，mother，sweetheart 等词则有褒义。

英语和汉语中都有一些禁忌语（taboo），即由于某种原因人们不愿直接说出的词语，常常需要用委婉语（euphemism）去代替。如汉语中的桃色新闻、后事、有喜、欠安、坐班房、解手、例假"等都是委婉语。

在冯翠华所著 Figures of Speech 一书中，将英语的委婉语分成五类：

（1）Death，Illness，Old Age，etc.

如 to pass away，to go to sleep，getting on，senior citizens，a slow learner…

（2）Toilet，Habits，etc.

如 go to the bathroom，the John，the washroom，the power room，Mrs.Jones…

（3）Poverty and Unemployment

如 ease out，pink slip，out of pocket，in difficulties，the disadvantaged，on relief…

（4）Menial jobs or professions of low social standing

如 domestic help，captain，realtor，beautician，exterminating engineer……

（5）Political and Military activities

police action，phrased withdraw，strategic villages…

由于许多词典中的禁忌语没有标明或不收禁忌语,所以中国学生对此若不加注意,在与外国人交往中会出现极为尴尬的场面。有一位教授在给二十五名美国人讲课时,用了 I hate to teach my grandmother to suck eggs,结果听众"愕然",因为"suck"一词在美国属于禁忌语之列。

(二) 词的语义联系对比

语言里的词总是从语义、形式、功能等几个方面,直接或间接地相互联系着。从词汇学的角度来研究这些联系,并对英汉两种语言加以对比,可以帮助我们更好地学习和理解词。

词在语义上的联系有上下位关系、同义关系、反义关系等。

1. 上下位关系

语言中的词义的内涵和外延不一样,有的词表示属概念(genus),有的词表示种概念(species),研究这两类词之间的关系就可以区分表示种概念的词、表示属概念的词,明确词的语义范围。如"植物"是表示一般概念的词,而树、花、草则是表示植物中个别概念的词。像"植物"这种词叫作上位词(superordinae),而树、花、草这类词叫作下位词(subordinate)。上位词与下位词之间的关系叫上下位关系。

上下位词是相对而言的,"植物"对于树来说是上位词,而对于"生物"来说就成了下位词(图3-1-4),因为"生物"还包括"动物"和"微生物"。同样"树"相对于"松树"来说就成了上位词。上位词与下位词层层包容,就形成了词汇结构的语义场。

生物 ┬ 动物:人、鱼、鸟、兽
     ├ 植物:树、花、草
     └ 微生物:细菌、真菌、病毒

图3-1-4 生物、植物的上下位词

从现代语义学的角度来分析,如果一个词义中包含另一个词义中的所有义素,前者就是后者的下位词。下位词的义素较多,表达的概念较具体。而语义场就是具有共同义素的词构成的一个"场",如"生物场"中的词都具有(+生物)这个义项。用这种方法可以分析语言间相关词的语义关系。如：brother（＋直系亲属＋同辈＋男性）、哥哥（＋直系亲属＋同辈＋男性＋年长）。

显然，"哥哥"的义素比 brother 多一项，因而"哥哥"是 brother 的下位词。

用同样的方法对英语和汉语中"亲属场"内的词汇进行分析，可以将关系理顺，清楚地归纳在一个语义场内。

由语义场可以看出，英汉直系亲属在同辈、上一辈和下一辈的范围内，语义划分基本相同；而三辈以外的直系亲属和上一辈、下一辈的旁系亲属则不然。汉语的语义划分要细得多。

2. 同义关系

词汇里词与词之间的同义关系，是由于它们指称相同或相近的逻辑概念决定的。对同一事物、现象的不同称谓，逻辑内涵相同或相近的一些词是同义词。如"教师、老师、教员、教书匠"都是指"从事教育工作的人"，英语的"rise, mount, ascend"都表达了"上升"这个动作，这就是词的同义现象。

同义词的存在，大都是为了实现词的色彩功能。在色彩意味上也完全相同的同义词，严格来说是不存在的。如 extravagant 和 generous，famous 和 notorious 在感情意义上有褒贬的区别；wife，old woman 在语体色彩上有正式与非正式的区别。

英语中同义词极为丰富，其原因是历史上从法语、拉丁语、希腊语中借来的词与本族词构成同义词（如图 3-1-5）。有两个一组的，也有三个一组的：

Native words		Borrowed words
brotherly		fraternal
friendly		amiable
homely		domestic
warlike		bellicose
fiddle		violin
Anglo-saxon	French	latin
belly	stomach	abdomen

ask	question	interrogate
fast	firm	secure
holy	sacred	consecrated

图 3-1-5　同义词范例

这些同义词大多在语体上存在差别：本族词常用于口语，外来词则常用于书面语。

同义的几个词所包含的义素相同，或者仅有某些不具区分功能的附加义素是不同的。我们常常以为意义相同的英汉词语，实际上意义并不相同。如在《现代郎曼英语词典》中对 intellectual 一词的解释是：a person who works and lives by using his mind, and who is interested in activities which include thinking and understanding rather than feeling and doing.

在《现代汉语词典》解释了"知识分子"的内涵：具有较高文化水平、从事脑力劳动的人。如科技工作者、教师、医生、记者、工程师等。实际上，我们国家的大学生、中专生是当代的知识分子，甚至中学生也被称为"知识分子"。然而，我们很难将学生、医生、记者、工程师归到 intellectual 之类中去。

再如 peasant 在英语中的意思是：靠小块土地谋生的小农，常常带有没受教育、粗俗无知等意味，而《现代汉语词典》中对农民的解释是：社会主义集体经济的劳动者。因此，也不能将"农民"与 peasant 等同看待。

在一门语言中，常用词的义项往往是很多的，你可以在另一门语言里找到不同的同义词与这些常用词的义项作对应。如图 3-1-6 所示。

白昼
明亮
　　　　light
光
　　　　brightless
　　　　Bare;naked
　　　　smooth

图 3-1-6　词的义项

如果对语义要求不是很严格，会出现由一个起支配作用的词主导的语义同义场（semantically synonymous field）。语义同义场中的词表达的意义基本相同，而语义场中的词则可以不同。所以，同义词往往处于一个语义场中，但处于同一语义场的词大多不是同义词。所以"人"和"狗"可以出现在一个语义场内，却不会出现在一个语义同义场内。

语义同义场理论对掌握外语词汇的分类也有十分重要的意义。我们可以把英语的语义同义场内的词进行比较，发现词与词之间相似处及不同处。如下列词都有"看"的意思，可以进行对比学习：

如果将汉语同一语义场的词汇列出来，即可进行英汉语对比（图 3-1-7）。

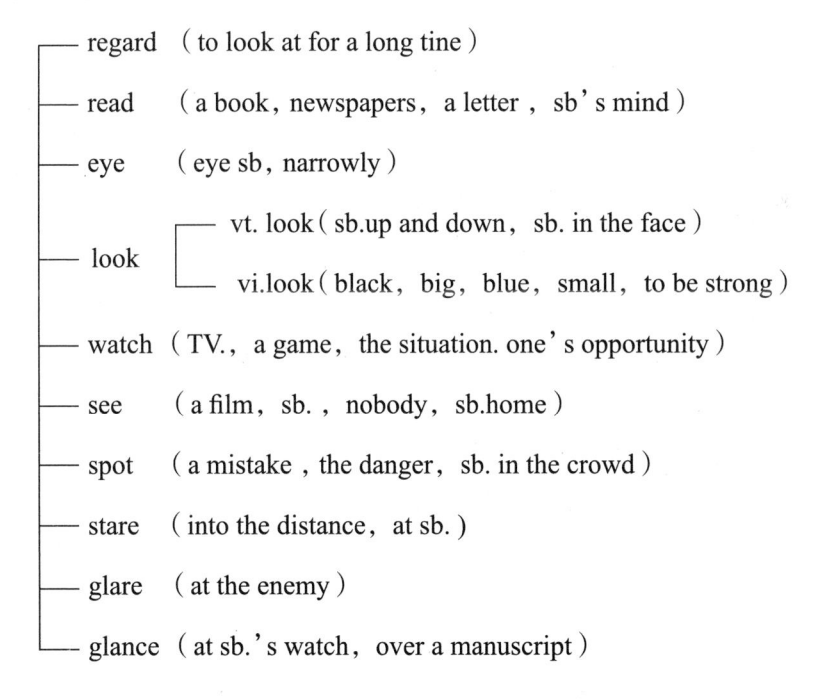

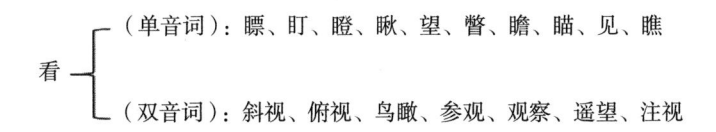

— regard （to look at for a long tine）
— read （a book, newspapers, a letter, sb's mind）
— eye （eye sb, narrowly）
— look ┬ vt. look（sb.up and down, sb. in the face）
       └ vi.look（black, big, blue, small, to be strong）
— watch （TV., a game, the situation. one's opportunity）
— see （a film, sb., nobody, sb.home）
— spot （a mistake, the danger, sb. in the crowd）
— stare （into the distance, at sb.）
— glare （at the enemy）
— glance （at sb.'s watch, over a manuscript）

看 ┬ （单音词）：瞟、盯、瞪、瞅、望、瞥、瞻、瞄、见、瞧
   └ （双音词）：斜视、俯视、鸟瞰、参观、观察、遥望、注视

图 3-1-7　英汉语词义场对比

3.反义关系

有些词虽然它们词的性质是相同的,但是彼此又形成了矛盾或对立的逻辑内容,也就是反义词(antonyms)。如英语中的"large—small, up—down, opaque—transparent"等;汉语中的"黑—白,高—低,胖—瘦"等。

"反义"并不是说意思完全相反、毫无共同之处。从逻辑上来看,反义词的语义都是同一上位概念的几个矛盾或对立的下位概念。从义素上看,反义词之间只是一个义素的差别,其他义素都相同。如:Boy(+人-成年+男性)、Girl(+人-成年-男性)。

反义词和同义词有些情况下可以互相转换。如 statesman 和 politician 是同义词,但如果把褒义作为区别特征,它们就成了一对反义词。

一个词的不同义项可以有不同的反义词。如"to make a long story short"中 short 的反义词是 long。而 a short man 中 short 的反义词则用 tall。而在汉语中 short 的两个意思分别用"短"和"矮"来表示。

在一种语言中互为反义词的两个词,在另一种语言中不一定是反义词。如"红白喜事气"和"一个唱红脸,一个唱白脸"中的"红"和"白"本是两种颜色,汉语中常用来表示相反的事物,而英语中则不能这样表达。

英语的同义词有词根反义词(root antonyms)如 clear-vague;又有派生反义词(derivative antonyms)如 polite—impolite。汉语中很少有派生反义词,如"大方"的反义词不是"不大方"而是"吝啬"。而"革命"和"金属"的反义词则可用"反革命"和"非金属"。

(三)词义的演变的对比

语言是随着社会实践的不断发展而发展的,而变化,其中最引人注目的便是词汇。但词的意义也在不断变化,如汉语的"笔"原意指"毛笔",后来有了"铅笔""钢笔""铁笔",它就成了一个一般意义的词汇。"笔"又引申出"书写、文章"的意思。如"笔触""笔调""笔杆子"等。英语的 craft 一词原指"小船",后来随着科学技术的发展,它增添了"飞机""飞艇"等意思。词义的演变就是指词义的改变和新义的产生。

1. 原始意义与派生意义

词产生时的意义是词的本义，又被称为原始意义（primary meaning）。词在语言的发展过程中，又形成转义，或称为派生意义（derivative meaning）。

有的词的原始意义和派生意义会在这些词发生词的转义之后，同时在语言中保存下来。如汉语"果"一词，本来是指植物结的果实，如"开花结果"；但"果"后来喻指事情的结果，如"前因后果"中的"果"就是用的转义。英语 face 本来的意思是"脸，面孔"，但也可以指"面子，威信"，如"save one's face"就是转义。汉语"深""浅"两词，原指"从上到下的距离，深度"如"深水""浅水"。在本义上与之对应的英语是"deep""shallow"。但汉语"深"转义可指"深远"的意思，可说"深情"；"浅"可指"浅薄""浅陋"的意思，可说"浅见"，但在与这两词相对应的转义上却不能说"deep friendship"或"shallow opinion"，而应说"profound friendship""superficial opinion"。反之，英语中有"deep gratitude"，汉语则不能说"深谢"而说"重谢"。这种本义相同而转义不同的现象在英汉语中是很常见的。

有的词原始意义可能丧失，为派生意义所代替。英语的 lady 一词，原来仅仅指"女主人"，后来几经变化，现在几乎与 woman 同义了。"爱人"在汉语中的原义是"还在恋爱而没有结婚的人"，而后来变为"结为夫妇的双方"，原来的意思也就随之失去了。

2. 中心意义与次要意义

原始意义与派生意义是对词义的历史研究（diachronic study），而中心意义（control mean）与次要意义（secondary meaning）则是对词义的共时研究（synchronic study）。中心意义可以是词的原始意义，也可以是派生意义。围绕一个中心意义，可以辐射出（radiate）许多次要意义。

次要意义一般都与中心意义有密切的联系，便于联想。但在英汉语里中心意义相同的词，次要意义不一定相同。因此，在学习语言中不能用简单盲目的类比（analogy）的方法。

3. 词义的扩展与缩小

词义的扩展（generalization or extension）指词从原来表达外延狭窄的概念扩

大到表达外延较宽的概念，语义上表现为义素的减少。词义的缩小（specialization）与此正相反。

汉语中的"江""河"原来特指"长江""黄河"，后来泛指"河流"。英语的 holidays 曾用来专指圣诞节、复活节等节日，后来意义扩展为"节假日"。orientation 原义是"东方"，现在可以指"方向"，这些都表现为词义的扩展。

汉语"丈人"一词原指年长的人。唐代以后称妻父为"丈人"，变成一个专用的称呼。英语词义缩小的例子有（如图 3-1-8）。

英语词	原义	转义
deer	动物	鹿
shroud	衣服	寿衣
hangar	棚	飞机棚
professor	教员	教授

图 3-1-8　词义缩小例子

4. 词义的升格与降格

词义的升格（elevation）指原来含有贬义或中性的词转变为褒义的词。如英语 minister 一词，原来是"仆人"的意思，现在升格为"部长"的意思；fond 原意是"愚蠢的"，现在升格为"多情的"。汉语"牺牲"原义是"古代为祭祀宰杀的牲畜"，现在指"为了正义的目的而舍弃自己的生命"。

与词义的升格相反，有些词由褒义或中性变为"贬义"，叫作词义的降格（degradation or degeneration），如英语的 vulgar 原义是"普通的"，现在则是"粗俗"的意思。汉语"爪牙"出现于先秦，本来是"武臣、辅佐者、心腹"的意思，并无贬义。如"将军者，国之爪牙"（《风俗通义》）。

在词义的转变这一节中，我们例释了词义的几种变化和变化的方式。词由本义到转义，表现为义项的增加或改变，属于一词多义的变化；词义的扩缩是词义概括范围扩大或缩小的变化，是词的概念意义的变化，表现为义素的减少或增加，而词义的升降则属于词的色彩的变化，但这种变化常常是以语义的变化为前提的。

词义的变化原因是复杂的，常受到社会、历史、语言、心理和其他一些偶发因素的影响。由于各民族所处的社会环境、地理环境等方面存在着差异，语言的发展历史也不同，本义相同的词，其意义的演变不可能是完全一样的。但有时词义的变化却表现出惊人的相似之处，也许是由于人类社会或者是人的心理因素方面有其共性（表3-1-1）。

表 3-1-1　英汉词义变化的相似之处

英汉词	原义	转义
臭 stink	气味	臭味
茅房 lavatory	茅草房屋引申为厕所，（委婉语）	厕所，（失去了委婉色彩）
事故 accident	事情	恶性事故
老婆 old woman	老年妇女	妻子（口语）

第二节　英汉词汇搭配的对比

一、英汉词汇搭配的相同之处

英语与汉语在词汇搭配上有着相同之处，这点表现在二者具有相似的结构形式。词语的搭配主要受到语法规则的支配，名词、形容词、动词和副词共同组成了典型的英语词汇搭配，这当中有七种类别被划分出来。而汉语词语只有五种词语的基本组合模式，分别是主谓、述宾、述补、偏正、联合。这里将对偏正、述宾、主谓这三种词语基本组合模式进行详细介绍。

（一）偏正结构

在英语中，与汉语中的偏正结构相对应的是"形容词/名词+名词"的组合。在这种情况下，偏正结构主要是体现了对限定关系的结构的表示。例如：a sweeping generalization（总的归纳），a formidable task（艰难的任务）。

名词作定语的情况在英语中也是很常见的，这样的词语搭配将当代英语的简略走向真切地反映给大众。然而，在将此类搭配进行汉译的过程中，需要做一些必要的调整。例如：pedestrian street（步行街），aptitude test（能力倾向测试）。

（二）述宾结构

在英语中，与汉语中的述宾结构相对应的是"动词+名词"的搭配。在这种情况下，句子中的述宾结构主要是体现了对支配关系的表示。例如：

They annulled their marriage last year.（解除婚约）

（三）主谓结构

在英语中，与汉语中主谓结构相对应的是"名词+动词"的搭配。例如：blood circulate（血液循环），bombs explode（炸弹爆炸）。

二、英汉词汇搭配的不同之处

（一）引申义搭配不同

ride 是骑马的意思，与汉语中的"骑"的意思基本一致。然而 ride 还有许多延伸义，搭配有 ride a bicycle/bus/car，ride the waves 等。比喻义也有很多，如 ride high（获得成功），ride at anchor（抛锚停泊）等。而在汉语中"骑车"和"骑墙"也是"骑"引申义，但英语中"骑墙"的搭配不是用 ride 来表示的，类似的意义只有 sit astride the wall。所以 ride 的搭配范围更广泛一些。

wear 与汉语中的"戴"在基本词义上虽是相同的，但二者在搭配范围上却有着一定的差异。例如：wear an mourning（穿着丧服），wear a medal（戴着勋章），ear one's dignity（表现出尊严）。

上面通过举例说明了，"戴"和 wear 在引申义上存在的差别，在汉语中，"戴"虽有"戴高帽子""戴绿帽子"的引申义，但 wear 的用法较之汉语的"戴"，范围明显更为广泛。

当然，在汉语中，也有词汇的搭配较之英语有着更广的范围。如英语中的 red 一词和汉语中的"红"字。

英语中 red 一词的引申义搭配：a red battle（血战），red vengeance（血腥复仇）。

汉语中"红"字引申义搭配：红白喜事（weddings and funerals），红利（extra dividend），红五月（thriving May）。

（二）对应词的搭配习惯不同

1. 单位词搭配习惯不同

英语和汉语在单位词的搭配习惯上，主要有两点不同：

（1）在英语中可以用相同的单位词来表示，但在汉语里不行。例如：a pair of scissors（一把剪子），a pair of trousers（一条裤子）。

（2）在汉语中可以用相同的单位词来表示，但在英语中不行。例如：一群人 a group/crowd/multitude/throng/team/army of people。

2. 动词与名词搭配习惯不同

在英语中，embargo 是与汉语中"禁运""禁止通商"相对应的词，但在实际的搭配中，embargo 所搭配的动词是 lay，place，put on，意思是"对……实行禁运"。再如，We obtained much knowledge of American history from the lecture.（学到知识）一般 study 和 learn 对应汉语中的"学到、学习"，但 study 和 learn 是不能和 knowledge 来搭配的。

（三）上下义词搭配分工不同

do 在英语中是表示做某些具体工作的动词的上义词，可与表示动作对象的名词搭配，如 wash，clean，visit，learn 等。但是，汉语中的"做"则没有这样的搭配，也不允许这样的搭配。例如：

Susan and I were washing the dishes.（洗碗）

Susan and I were doing the dishes. 做碗

从上文的表述我们可以总结出，在英语中，无论是表示一般事物的名词还是表示具体事物的名词，它们都能与表示一般动作的动词来搭配。然而汉语则不行。在汉语中，表示具体事物的名词是不能与表示一般动作的动词搭配在一起的，只能是一般对应一般、具体对应具体。

三、英汉词汇搭配差异分析

（一）受语法规则限制

首先我们来看一个例子：The speed of a plane is much faster than that of a car. 类似与汉语中"速度快慢"这样形式的搭配，在英语里是找不到的。英语里 high 和 low 是修饰 speed 的固定搭配，fast 或 slow 只有在直接对交通工具进行说明时才能使用。故而上面的例子是违反了英语的语法规则，是错误的。再如：Your teaching and research has made good progress. 在这里，make progress 的使用必须搭配的主语是有生命的人，所以在这里使用 make progress 的表述是错误的。You have made great progress in teaching and researching. 才是正确的表达。

（二）受构词方法限制

在英语中，基本词汇之外的大量词汇，大都是由派生法、截短法、合成法、首尾字母缩略法等方法组合而成。而汉语在构成词汇时，大都使用语素相加的方法，最终构成了绝大多数的双音节词与四字词语。在概括性上，如果上义词在这一方面拥有很大的优势，那么就会影响到词语之间的搭配。所以构词方法也能够影响词汇的搭配。这样搭配出来的词汇，搭配外延广，搭配的范围也很宽泛。如果从这一方面，将英语词汇与汉语词汇进行比较，就会感到汉语词汇搭配的宽广的范围。如在汉语中，关于"情况"的表达就有很多种说法，可以说气候情况、紧急情况、工作情况。而英语并不是用一个词来表示，而是运用不同的词汇来表达：climatic conditions，emergency，working situation。再如汉语中的上义词"水平"，有艺术水平、技术水平、生产水平，而英语同样不能用一个词来代替，而非用 artistic attainment，technical skills，production capacity 来表述。

（三）受词汇外延限制

单词的外延也会对词汇的搭配范围产生一定的影响。当单词词汇的外延越宽，可以形成的词汇的搭配范围就越广。反之亦然。如汉语中的"打开"，当打开的是具体的物品时，例如盖子、接头、电源，还是非具体的事物，比如秘密，都可以用"打开"来修饰。而在英语中，与"打开"对应的 open 就没有那样宽泛的外延，只能与不同的动词做搭配。如 open the box，answer the door。

有很多英语词汇，本身也具有很广泛的语义外延，如英语中的 white 一词，在 white lie 中表示"无害的"，white elephant 指的是"昂贵又无用之物"等。而汉语中与之相对应的词"白色"，其含义外延就没有这么宽泛。

（四）受词汇语体限制

词的语体会影响词的搭配能力的范围。当使用的词的语体越低，比如口语语体，那么这个词的义项就会很多，可以搭配的范围就十分广泛。例如，put down

和 suppress 都表示"平定",如 put down/suppress a rebellion(平定叛乱),尽管如此,但 put down 的搭配范围要比 suppress 的搭配范围大得多,如:put down the alms(放下武器),put down the address(写下地址)。

在汉语中,口语的搭配能力同样是比书面语要强的。比如,"死"不仅指代人的消亡使用,对于动植物也可以这样指代。类似的小猫饿死了,树枝枯死了等。然而在书面语中,其他一些与"死"类似意义的词汇,就只能使用在特定的情境中。例如"牺牲"通常是指那些英雄为了维护世间的正义而奉献出自己的生命,"罹难"通常指代遭遇了意外或者自然灾害死去。成年人的死亡通常使用"去世"或"逝世",未成年人的死亡一般采用"夭折"来指代。"驾崩"专用于表示封建帝王的死亡,而佛家僧尼的死亡一般采用"圆寂"来表示。

第三节 英汉词类的对比

语言学家对词类进行划分的目的是更好地说明词在语言中的作用,划分的标准一般是该词的句法功能。总体上看,英汉语言中划分出的词类总数比较接近,词类命名也很相似。但具体来看,英汉词类又有着一定的区别,一些名称相同的词类所包含的英汉词语在性质和内容上不完全相同。

英语的词类有实词(normal words)和虚词(form words)之分。实词都有实义,能在句子中充任句子成分,英语中的实词有:名词(noun,缩写为 n.)、代词(pronoun,缩写为 pro.)、形容词(adjective,缩写为 adj.)、数词(numeral,缩写为 num)、动词(verb,缩写为 v.)、副词(adverb,缩写为 adv.)。虚词没有实义,不能在句中独立充任句子成分,英语中的虚词有:冠词(article,缩写为 art.)、介词(preposition,缩写为 prep.)、连词(conjunction,缩写为 conj.)、感叹词(interjection,缩写为 int.)。

对汉语进行词类的划分之后得出了两类,分别是虚词和实词。助词、连词、介词、副词、感叹词和拟声词是汉语的虚词。量词、动词、形容词、名词、数词、代词是汉语的实词。

本节将研究英汉词类,并分别对其进行对比,同时特别说明了英汉语言中的特有词类。下文我们将主要对动词、名词、形容词、副词等进行赏析。

一、名词

英语的名词可分为专有名词与普通名词，具体分类及词例如图 3-3-6 所示：

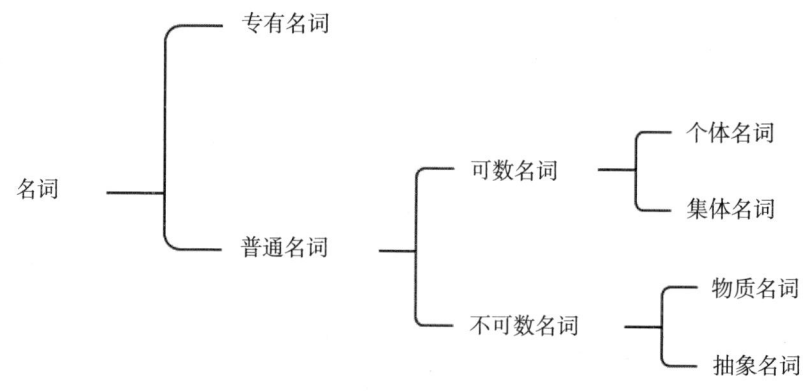

```
                  ┌─ 专有名词
                  │
名词 ──────────────┤                    ┌─ 可数名词 ──┬─ 个体名词
                  │                    │            └─ 集体名词
                  └─ 普通名词 ──────────┤
                                       │            ┌─ 物质名词
                                       └─ 不可数名词 ┤
                                                    └─ 抽象名词
```

图 3-3-6　英语的名词分类

汉语的名词分类如图 3-3-7 所示：

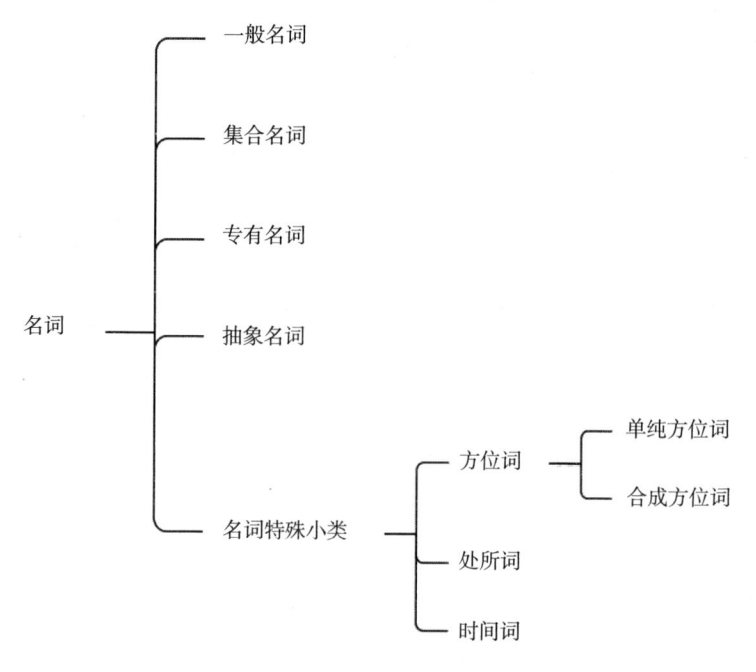

```
          ┌─ 一般名词
          │
          ├─ 集合名词
          │
          ├─ 专有名词
名词 ──────┤
          ├─ 抽象名词
          │                    ┌─ 方位词 ──┬─ 单纯方位词
          │                    │          └─ 合成方位词
          └─ 名词特殊小类 ──────┤
                               ├─ 处所词
                               │
                               └─ 时间词
```

图 3-3-7　汉语的名词分类

可以看出，英汉名词中都有普通（一般）名词、专有名词、抽象名词等分类，但是从名词的使用方式及其在句法中所起的作用来看，英汉名词中存在着几点异同。下面将从五个方面对英汉名词进行比较：

（一）英汉名词的分类依据

英语的普通名词中存在着可数名词和不可数名词的区别，这是英语名词的重要特征，在词典中有明确的标识。可数名词与不可数名词要分别与冠词、主谓语保持一致关系。而汉语名词中没有明确的可数名词和不可数名词分类，汉语可数名词与不可数名词是从其所搭配的量词上体现出的。只能用"种""类""点儿""些"或动量短语修饰的是抽象名词；只能用表示群体的集合量词、不定量词或不能用量词短语修饰的是集合名词；不能与个体量词连用的为不可数名词。由于汉语中没有冠词，主谓语也不存在严格的一致关系，因此汉语词典中并不对名词的可数名词和不可数名词性质进行明确的标识，其区分也不像英语中那么重要。

（二）英汉名词的性与格

在世界上的许多语言中，如阿拉伯语、意大利语、德语、法语等，名词在语法意义上都有着严格的"性"（gender）的区分，分为阴性、阳性和中性。从生物学的自然性别角度来分析英语名词，可以将英语名词分为阴性、阳性、通性和中性。我们可以从词汇意义上来度这种"性"进行理解。但是从语法意义上来讲，英语名词并没有"性"的区分。一部分英语名词根据其词汇意义在生物学上的性别，分别有阴性和阳性的拼写方式，如 waiter（男侍者）和 waitress（女侍者）。对于不区分阴性、阳性的名词，如需要表示所指事物在生物学上的性别，可以在名词前加 man/woman 或 boy/girl 等表明性别的词，如 boyfriend（男朋友）和 girlfriend（女朋友）。

汉语中也只有词汇意义上的"性"，在语法上同样没有阴性、阳性的区分。当需要表示名词在生物学上的性别时，汉语名词与英语名词的用法类似，即都是在名词前加上表明性别的词，如"男医生""女医生""男演员""女演员"。

"格"也是名词的语法范畴之一，在这里我们主要比较英汉名词的所有格，即如何表示与中心词的领属关系。英语中的名词所有格主要有两种形式，一种是"名词+'s"，一种是"名词+名词"。需要注意的是，前者通常用于有生命的中心词，后者常用于无生命的中心词。例如David's book（大卫的书）、the window of the house（房子的窗户）。

汉语中的名词所有格则相对简单，即用"……的……"结构来表示对中心词的所属关系，如"我的父母""汽车的座椅"，汉语中通常不区分中心词有无生命。

（三）英汉名词的数

名词是否有"数"的语法范畴，是英语和汉语语法的一个不同特征。英语名词对"数"的区分十分明确。英语中的普通名词分为可数名词和不可数名词，其中不可数名词没有复数形式，需要用a piece of, an amount of, a great deal of等专门与物质名词连用的短语来表示这类名词的"数"的意义。对于可数名词，其复数形式是通过名词的形态变化来表示的，多数可数名词采用"名词+-s"的形式变为复数，少数不规则名词受外来语言的影响，需要变化词尾来形成复数形式，如phenomenon（现象）的复数形式为phenomena，analysis（分析）的复数形式为analyses。

还有一些比较特殊的英语名词只有复数形式：有一些名词表示的事物总是成对出现，这类名词只有复数形式，如jeans（牛仔裤）、headphones（耳机）、trousers（裤子）等；有一些表示食物的名词也只有复数形式，如greens（绿叶菜）、noodles（面条）；还有一些名词只有复数形式，却表示单数概念，如means（手段）、the United States（美国）。

汉语名词则没有明确的"数"的语法范畴，即没有单复数形式的变化。如果需要表示名词的复数意义，可以采用"数词+量词+名词"的结构，如"一群人""两只鸟"等。除此以外，汉语中还有一些表示复数意义的用法，如"们"字可以加在表示"人"的名词后面，形成复数的概念，如"老师们""同志们"等；含有"众""群""帮"等表示群类的字眼的名词也可以表示复数概念，如"听众""观众""人群""蚁群""马帮""丐帮"；联合型合成名词由两个相近、相同或相反意义的词根并列组成，也可以对复数概念进行表示，如"花草""物品"等。

（四）英汉名词充任的句法成分

句子中的英语名词可以担任很多成分，比如表语、介词宾语、主语、定语、宾语、同位语等。接下来我们将从几个例子中来进行体会。

（1）Forests are important resources for human.

译文：森林是人类重要的资源。（名词作主语和表语）

（2）I haven't finished my homework.

译文：我还没有完成作业。（名词作宾语）

（3）He is quite interested in history.

译文：他对历史很感兴趣。（名词作介词宾语）

（4）The little baby girl was left alone at home.

译文：小女婴被独自留在了家中。（名词作定语）

（5）This is Jane, a friend of mine.

译文：这是简，是我的朋友。（名词作同位语）

汉语名词在句中主要充任主语、宾语和定语等成分。具体使用方法例如：

（1）孙悟空是家喻户晓的文学人物。（名词作主语）

（2）下周小张要运送一批木材到工地上。（名词作宾语）

（3）残疾人运动会定于十月份举办。（名词作定语）

在一些情况下，汉语名词还可以做状语或谓语。例如：

（1）她看上去很女性化。（名词作状语）

（2）有几个同学没带课本，老师要我们两人看一本。（名词作谓语）

需要注意的是，在汉语中，一般名词都可以直接用来修饰另外一个名词，如"语言文化""格式说明"等。英语中虽然也存在用名词修饰名词的现象，但是在具体使用中受到的限制较多，比如"环境保护"，我们用 environmental protection 而不用 environment protection，这是因为英语名词作定语修饰另一个名词时，如果作修饰成分的名词有同根形容词，那么我们不能直接用这个名词来做修饰成分，而需要用它的同根形容词。

（五）英汉名词的互译

由于英汉语言思维的不同，在两种语言中不同词类使用的频率也不同。因此在两种语言的互译中，经常需要进行词类的转换。英语中的一些名词在汉语中并没有贴切的名词表达形式，所以在译成汉语时需要转换为动词。例如：

His little girl was a good singer.

译文：他的小女儿歌唱得很好。

这个地方如果要是把 a good singer 翻译成"一个好的歌手"，这显然是非常死板的，中国人说话的思维也并非如此，这就使得翻译并不贴切，但是如果将 a good singer 译为"歌唱得好"就显得非常灵活，这是转换了短语的性质，将名词性质的短语翻译成动词性质的短语，从而使得句子的翻译与中国人说话的思维相吻合。

在汉译英时，同样要注意名词词性的转换。例如：

她总是"唱红脸"。

译文：She always pretended to be generous and kind.

"唱红脸"这个习语出自中国的京剧文化，在英语中并没有对应的表达，而且英语中的"红脸"（blushed face）也不具有汉语中"充当友善或令人喜爱的角色"的含义。此处出于表达习惯，我们将"唱红脸"中的"红脸"翻译成形容词性质的 generous and kind，既生动又贴切，避免了跨文化交际中的语用误解。

除了词性的转换，在英汉名词互译的过程中，其所充任的成分也经常因英汉语法特点的不同而变化。例如：

Bad weather prevented us from going fishing.

译文：天气不好，我们没有去钓鱼。

在这个句子中，bad weather 本为名词短语充任句子主语，在翻译成汉语时，我们将其翻译为"天气不好"，其主语身份也变成了状语身份，这样比较符合汉语的表达思维。若将句子翻译为"恶劣的天气阻止了我们去钓鱼"，就太生硬了。

二、动词

根据《薄冰英语语法》的分类，共有六大类英语动词，分别是及物动词（transitive verbs）与不及物动词（intransitive verbs）、系动词（linking verbs）、反身动词（reflexive verbs）、实义动词（notional verbs）、助动词（auxiliary verbs）与情态动词（modal verbs）、限定性动词（finite verbs）与非限定性动词（infinite verbs）、短语动词（phrasal verbs）。

及物动词与不及物动词：英语中动词的及物性是根据动词后可否直接跟宾语这一标准来判断的。及物动词后面必须有动作对象（宾语），而不及物动词后跟动作对象（宾语）时必须先加介词。

反身动词：主语本身就是其动作对象，在英语中，如果动词带有反身性，那大部分都要与相应形式的反身代词连用。

系动词：主要功能是联系主语和表语，构成系表结构，对主语的性质、状况、特征等情况进行说明，又将其称为连系动词。

实义动词：即意思完全、能够独立作谓语的动词，分为及物动词与不及物动词。

助动词：即协助主要动词构成谓语动词词组的词，助动词是一种语法功能词，并没有实际的意义。

限定性动词与非限定性动词：在句法上，如果动词受到主语限定，我们可以将动词称为限定动词，反之，如果动词没有受到主语限定，那我们将之称为非限定动词。限定动词在句子中作谓语的成分，和主语在人称、数上保持一致，同时还要将时态、语态和语气的变化表现出来，也叫它谓语动词。非限定性动词主要包括动名词、不定式、分词三部分，也叫其非谓语动词。

情态动词：主要功能是增添谓语动词的情态色彩，使得说话人的态度明朗，表明其对相关事物和行为的看法，认为其应该、可能或必要等。

短语动词：就是词组，由动词加副词、介词或其他词构成。

一般来说，汉语动词可以按照语义和语法功能的不同来进行分类。主要包括动作动词（走、跑、看、听、说）、状态动词（爱、恨、喜欢、担心、希望）、判断动词（是）、能愿动词（能、敢、要、会）、现存动词（在、有、出现、消失）、趋向动词（来、去、回）、使令动词（请、让、派）、准动词（予以、致以、加以）等。

现代汉语中的动词也有及物动词和不及物动词之分，与英语动词类似，能直接带宾语的叫及物动词，不能直接带宾语的叫不及物动词。但是汉语动词的及物性并没有明确的界定标准，不及物动词也常常会带着一个名词宾语成分，如"家里来了客人"，这种结构被称为保留宾语结构。

英语限定性动词可以充任句子的谓语，其人称、时态、语态、语气必须受到主语的限制，例如：

（1）We are going to have a meeting tomorrow.

译文：我们明天将举行一场会议。（动词将来时态）

（2）He thinks that the birds come from the forest.

译文：他认为鸟儿们是从森林中来的。（谓语动词分别用第三人称单、复数形式）

英语非限定性动词包括不定时、动名词和分词形式，可以充任句中的主语、宾语、定语、状语、表语等。例如：

（1）To see is to believe.

译文：眼见为实。（不定式作主语和表语）

（2）The shocked old lady burst into tears.

译文：那位震惊的老妇人大哭起来。（分词作定语）

（3）Temperature will rise in the coming three days.

译文：未来三天气温将会上升。（分词做定语）

汉语动词没有限定性与非限定性之分，没有性、数、时态的变化，而且许多动词具有多重词性，可以充任的成分也十分灵活。例如：

（1）疗球让他感到快乐。（名词化的动词做主语）

（2）她喜欢逢场作戏。（动词短语作宾语）

（3）他敏捷地从水坑上跳过去。（趋向动词做补语）

（4）明天气温应该回升。（能愿动词作状语）

三、形容词与副词

英语形容词包括简单形容词和复合形容词。简单形容词只有一个单词，如 beautiful，sad，happy，复合形容词由两个及两个以上单词组成，如 kind-hearted，hard-working。

汉语形容词包括性质形容词与状态形容词。性质形容词指单独用来表示属性的形容词，如高、坏、好、轻。状态形容词是重叠形式的形容词，朱德熙先生于 1956 年在《现代汉语形容词研究》一文中将汉语形容词分为简单形式的形容词和复杂形式的形容词两大类，其中复杂形式的形容词指"冰凉""通红""雪白""傻乎乎"这类重叠式的形容词，后来这类形容词被称为状态形容词。性质形容词一般能受"不"和"很"的修饰，如"不大""很高"，而很多形容词则不能受"不"和"很"的修饰，比如我们不能说"很雪白""不傻乎乎"。英汉形容词在用法上也存在一些不同。

（一）英汉形容词充任的句法成分

英语形容词通常在句中充任定语，也可以充任表语、宾语补足语和状语。例如：

（1）The weather is fine today.

译文：今天天气不错。（形容词作表语）

（2）There are many red apples in the tree.

译文：树上有许多红苹果。（形容词作定语）

（3）She sit on the chair, tired.

译文：她坐在椅子上，显得很疲惫。（形容词作伴随状语）

英语形容词在作定语时通常需要前置，如修饰不同性质的多个形容词并列出现，则需要注意形容词之间的顺序，用一组简洁易懂的顺口溜可表示为："限定描绘大长高，形状年龄和新老，颜色国籍跟材料，作用类别往后靠。"例如：

She is a charming tall American girl.

译文：她是一位优雅高挑的美国女孩。（描绘高矮、国籍）

汉语形容词在句中主要充当定语、谓语和补语。例如：

（1）皎洁的月光洒在安静的路上。（形容词作定语）

（2）登东山而小鲁，登泰山而小天下。（形容词作谓语）

（3）房间被他收拾得整整齐齐。（形容词作补语）

（二）英汉形容词的比较级

汉语形容词在表达比较概念时，形容词本身没有比较级、最高级形式的变化，而是采用"比""于""更""最"等词来引进比较/最高概念。例如：

（1）我的收入要比你高出二百多元。

（2）该企业今年的收益要远高于去年。

（3）在班里所有的男生中，他是英语成绩最好的。

汉语中还有一些词并不像"比""最"等词语一样直接地表达出比较和最高的概念，它们也能比较委婉地表达出比较和最高的意味。例如：

（1）他的良心真是黑透了。（表示"最黑"）

（2）如果你能这么想，那就再好不过了。（表示"最好"）

在英语中，在表示"比较……"和"最……"时，形容词要用特别的形式，称为"比较级"和"最高级"，原来的形容词称为"原级"。

英语形容词的比较级有两种构成方式：对于单音节词和部分双音节词，采用原级加 -er 和 -est 的方式构成；对于另一部分双音节词和多音节词，则需要在原级前面加上 more，less，most，least 来构成比较级，示例如表 3-3-2 所示。

表 3-3-2　英语中多音节词的比较级

原级	比较级	最高级
small	smaller	smallest
important	more important	most important

（三）英汉形容词的转性与互译

英语形容词不能直接作谓语，如果要用该形容词所表达的意思作谓语，则需要将形容词转化为动词，一般方式是在形容词上加前缀 en- 或后缀 -en。如 rich 变为 enrich，wide 变为 widen。

在一些习惯用法中，汉语形容词可以直接作谓语，在一些不能直接用形容词作谓语的句子中，可以将形容词转化为动词，方法是加上后缀"化"，如美化环境，净化心灵。

由于英汉形容词在语义和功能上并不完全对等，在英汉互译时也要注意词性的转换。例如：

我认为这件事并不失败。（形容词）

译文：I don't think it is a failure.（名词）

英语副词按照语义功能可以分为时间副词（now，already等），地点副词（here，abroad等），方式副词（well，fast等），程度副词（rather，very等），疑问副词（where，why等）。

汉语副词按照语义功能可以分为时间/频率副词（刚、正、再、一直），程度副词（特别、非常），范围副词（全部，一共，只），否定副词（不、没、别），语气副词（岂、未必）等。

一般来说，汉语副词充当句子成分的灵活性不如英语副词强。英语副词可以做状语、表语、定语、补语，而汉语副词一般只能做状语。

类似于英语形容词，英语副词也有比较级、最高级形式，而汉语副词要想表达比较级和最高级的意义仍需借助"比""最""更"等词来配合。

第四节　英汉对比在英语词汇教学中的应用

比较就是一种对两种或两种以上的事物进行分析、对比，并且从中找出高低、异同或优劣的方法。鲁迅曾经讲："倘若要知道外国哪一句，就是中国的哪一句，则教师愈会比较，就愈有益处。否则，发音即使准确，所得到的每每不过一点皮毛"。吕叔湘也认为："一种事物的特点，要跟别的事物比较才显出来。拿汉语和英语比较，汉语的特点和英语的特点都会显现出来，这种比较研究，对于教学很有用"。

语言的核心和基本材料就是词汇。各类的英语考试都要求考生掌握一定的词汇量，比如大学英语四级要求考生掌握4000词，大学英语六级要求考生掌握6000词，托福要求考生掌握8000词等，这些要求都表明了在英语学习中词汇量的重要性。一个学生的英语水平可以通过其掌握词汇量的多少和对词汇运用能力上来体现,如果想要在英语考试中取得好的成绩,就必须掌握一定的词汇量,并且在听、说、读、写、译各项技能中能够熟练应用。人们通常认为,如果一个人掌握了大量的词汇,那么他在阅读方面的能力就一定很强,也能够表达出标准的口语,写出更高水平的英文文章。但是在实际教学中并非如此,可能一个学生掌握了大量的词汇,但是仍旧在阅读理解方面有一定的困难,造成这种现象的原因是学生对词汇的内涵掌握程度不够,没有真正理解词汇的含义。针对这种情况,本节将通过英汉异同点的对比来对相关的有效学习方法进行说明。

一、中国学生英语词汇学习中存在的问题

(一)教导方式

由于课堂时间有限,因此许多教师在课堂上仅仅要求学生读准单词即可,但是却忽视了很多学生在初、高中阶段其实并没有掌握拼写和语音规则。教师没有巩固学生这方面的知识,导致很多学生背诵单词仍旧是逐字母拼读背记。另外,老师也没有讲解单词,也没有对构词法进行讲解,只是按照教参中规中矩地讲述,虽然非常严谨,但是缺乏趣味性,学生掌握起来也非常困难。还有很多教师只注重学生最后对单词的掌握的量,而对于其掌握、背诵单词的过程却不关心,甚至还会举办一些单词比赛,让学生对单词的意思进行书写,最后通过数量来判断胜负,我们无法否认这种比赛确实有利于学生的英语学习,但是过分强调中文意思,割裂单词与语境的联系,使得这场比赛的作用非常有限,甚至是浪费时间。有一些学生虽然知道单词的汉语意思,而且掌握的量也不少,但是英语成绩仍旧处于中下游,这造成了付出和收获的不平衡,学生学习英语的信心也很容易受到打击。

(二)学习方式

很多学生将课本词汇表中的词汇背得特别熟,无论是英语的拼读还是汉语的意思都能特别流利地背出来,但是他们往往忽略了将单词放到具体语境中学习,所以一旦进行遣词造句或者阅读理解就很容易显出不足。现在是互联网时代,人们可以通过手机来听英语歌、看英语电影、听英语广播,通过多种渠道来进行英

语学习，利用碎片化时间进行英语词汇的学习。

二、运用英汉比较的英语词汇的教与学

（一）教学模式

1. 强调各种搭配关系

学生之所以会出现词汇搭配的问题，主要是因为他们没有形成丰富的词汇网络，在对单词进行提取时，他们需要进行加工、翻译、合成等一系列复杂的过程，最终出来的结果往往非常牵强，单词之间的搭配往往并不流畅，给人一种牵强附会的感觉，产生一种词不达意的效果。词汇教学不仅要求学生掌握大量的词汇，并且对词汇非常熟悉，还要求对单词之间的搭配关系进行掌握。

2. 用比较法开展词汇教学

在学习英语的过程中，母语或多或少都会对我们产生影响，从而产生语言迁移。如果产生正迁移的现象就会对英语学习产生益处，如果产生负迁移就会对英语学习产生阻碍。大量的英语词语搭配可以在汉语中直接翻译，如果第一语言无法直接对译，就要对其特别强调。受母语干扰而引起的词组有：例如，学习知识（learn knowledge），提出要求（raise a request）等。

除此之外，还要对英汉词汇不同的文化内涵进行了解。虽然有些词有着相同或相近的概念意义，但是他们却有着很大差距的内涵意义。我们可以以"龙"为例，在汉语中"龙"代表"祥瑞、权力、神异"，但是在英语中，"龙"代表"邪恶"。这就与不同语言的文化背景产生了关联，在进行外语学习的时候应该注意目的语和母语之间内涵意义的差异，注意词汇层面产生的负迁移现象。

3. 结合语境进行词汇教学

语言作为一个大系统，其中的词汇是相互制约的，它们并不是孤立存在的，通过与其他词语的搭配或者联结，词汇会产生其独特语境下的意义。所以只有注意到词语的搭配关系及其对应语境，才能对词汇进行正确地理解和运用。英语中有很多具有正反两方面含义语义对应词（ambivalent words），比如overlook，可以表示"忽视"，也可以表示"管理，监督"；learn，不仅可以表示"学习"，还可以表示"教导，教训"；英语句子"he is my despair."不仅表示"他坏得让我

一筹莫展",同时也可以表示"他好得让我望尘莫及"。对于这些单词意义的理解必须要依靠上下文搭配才可以对其正确含义进行揭示。

4.利用同义词和反义词进行教学

在英语学习中,对于学生来说,理解和运用同义词是非常困难的。英语的同义词数量很多,词义、用法等也有着很大的差异,就算是英语母语者对于这些词汇的运用也存在着很多困难,更何况是外语学习者。英语各组同义词的各个词虽然词义相近,但是其表示不同程度的轻重。我们可以以"走出房间"的翻译为例,一般我们会用:walk out of the room,但是不同的情况应用不同的词语,如果用sail out of the room,代表的是小姐走出房间;如果用slip out of the room,代表小偷走出房间;如果用dance out of the room,代表小孩走出房间;如果用stagger out of the room,代表老人走出房间。在教学中,教师也可以通过反义词对比的方式教学生新词,除此之外,可以把一些反义性的前缀和后缀教给学生,反义性的前缀如ab-、dis-、mis-、in-,后缀如-less等,比如abduct, discourage, misplace, mistake, incurioust, uselessness等。因此,在实际的教学过程中,教师要利用同义词和反义词的基本特点,帮助学生学习单词,并在背诵单词的过程中使用联想的方法。最后,教师要在词汇的学习过程中,与具备文化内涵的知识学习融合在一起,促进学生从文化层面加深对词汇的印象。词汇的文化内涵和当下的社会环境有关,在不同文化环境中成长起来的人,会因为自己不同的文化知识背景对词语产生不同的解读,单词的实际意义对于不同的人来说也是不同的。因此,教师在向学生讲解英汉文化的差异如何体现在语言上时,可以使用多种的方法,比如文化背景的差异和词汇的差异等手段,加深对英美文化的内涵了解,使得学生在学习文化知识的过程中学习英语的词汇。通过这种方式,学生不仅能够更好地掌握单词的深层含义,还能够让学生更加积极主动地掌握知识,提高自己的英语水平。

(二)学习方式

国内学生较少能够直接接触到英语对话的环境,所以学生只有通过钻研语言的基本理论,才能够提高学习英语的效率,掌握更多的英语的语言技巧。主谓宾的基本句子结构在英语和汉语中都经常使用;并且在构成和语义的内涵方面,很多的词汇也有相通之处。但是在实际学习和背诵英语的过程中，两种语言又有很大的不同。

1. 英语单词读音和拼写相符、汉语语音和读写不相关

在英语中，如果知道了正确的拼写方式，就可以按照单词的发音来拼写出具体的写法。英语音标不仅可以帮助学生知道单词的具体读法，还可以帮助学生背诵和记忆单词的拼写。英语的音标有元音和辅音两种，发音的规则和字母的组合规律也是可以总结出来的，例如开音节和闭音节就是两种不同的音节，因此发音的方法也就不同。汉语则是一种象形的文字，不能用拼音来表示汉语单词的写法，而且汉语中同音字特别多。科学证明，在记忆单词的过程中，读音记忆法比外形的记忆法要记忆得更加牢固，持续的时间也更长，在记忆单词的时候，不仅要从单词的读音展开记忆，而且要掌握单词的外形和实际的内涵，这样才能达到长时间记忆的效果。

2. 汉语是形义构词体系、英语是根义构词体系

汉字的起源是象形的文字，所以汉字的单词在形式和意义间存在着联系。例如，"波""流""浴"这些字都和水有关，所以部首的偏旁应该是水。英语单词和汉语的单词有着相同的道理，都有着类似的部首，在英语中叫作词根。如果已经掌握了一类词根的用法，就可以通过前缀和后缀来理解这个词的具体意思。虽然这种方法不能够适用于所有的单词，但也是一种理解的角度，在以后的学习过程中，可以达到看到一个单词就能够知道单词的基本意思，在记忆和背诵的时候就可以从英语的角度出发，而中文意思只起到了辅助的作用。例如，proclaim这个单词，它的含义是宣布、宣告、声明的意思，但是在掌握这个单词的时候我们通常只会使用中文的定义进行记忆，这使得学习英语的过程变得费力和低效。其实，可以根据分析前缀的方法记忆单词，pro 有向前的意思，claim 有大声叫出和宣布的意思，所以结合起来就是向所有人大声宣布的意思，也就是宣布和宣告的意思，这样的记忆方法才是真正利用了单词构成特性的方法。还有一些词根的例子：cogn=know 知道；recognize[re- 表示加强意义，cogn 知道→认识，–ize 动词后缀] 认识，认出，认知；precognition[pre- 预先，cogn 知道，–ition 名词后缀] 预知，预察，预见；还有 cord=heart 心；cordial[cord 心，–ial 形容词后缀,] 衷心

的，诚心的；ccord[ac- 表示 to, cord 心；"心心相印"] 一致，协调，符合，使一致。

3. 汉语单字意思明确、英语单字意义扩展

汉语词汇是由一个个单独的词组成的，每个单独的词都有明确的含义，用法较为灵活，适用的范围广泛。但是，在英语中，英语的单词是由一个一个的字母组成的，一个单词可以有多种不同的含义，在使用时要注意基本含义的拓展使用。

4. 多管齐下学单词

在日常学习英语的过程中，可以使用多样的学习内容，比如看英语的电影、听英语的访谈节目、分析英语的演讲内容，都可以从不同的角度提升英语的水平。面对不熟悉的或者不认识的英语单词，可以先根据前缀和词根进行猜测，最后在字典上进行查阅，这是英语的学习者面对学习中的问题应该采取的措施。在学习中应该格外关注出现频率比较高的单词和用法，如果这个单词在句子中经常出现，那这个单词就非常容易被学习者记忆，而且也能够更加方便学习者的记忆。例如，《中国日常》中有一篇题为 earthquake rattles tourism industry 的文章，副标题为 Lombok plans next move to halt financial losses，再下面有房主的一句话，my focus now is to tidy the remaining intact rooms, provide a service for tourists who hopefully will still come here during the current peak season。我们可以通过语境和上下文的理解，对文中的高频词进行分析和理解，通过 earthquake，我们可以推断出主标题中的 rattle 很有可能是"严重损害的意思"。正文句子中 Intact 有可能代表着"完好"的意思。

5. 以字典为师

学习英语词汇需要在一段时间内进行持续的积累，不仅要学习大量的单词和短语的核心用法，从字面上就能分析出英语的含义和解释，还要能够在具体的句子中分析出单词的含义。知道如何在说话和写作时正确使用一些基本词汇也很重要。因此，教师需要教给学生学习的正确方法，而不是只传授一些知识的内容，更重要的是，学生要学会根据现有的工具和内容进行自学。在学习过程中，一定会遇到一些生词和不常用的词，可以利用现在比较常见的在线英语词典，比如有道、欧路等，在查看意思的同时，还能获取到真人的读音，从词根、同义词等内容对单个单词进行延伸和扩展，进行与应用结合的学习，帮助学生提高英语的水平。

第四章 运用英汉比较的英语语法教学

本章的主要内容是英汉对比视角下的英语语法教学分析，主要有英汉语法状态的比较、英汉语句中连接词的比较以及英汉比较在英语语法教学中的应用三个部分。

第一节 英汉语法状态的比较

英汉两种语言在时态、语态、语气上都有较为明显的差异，正确理解这些差异可以对二语习得、英汉对译产生一定的启发。

一、英汉时态比较

广义的时态指动作或状态与所发生时间之间的关系。在英汉两种语言中，要表达在不同时间下的动作或状态，都需要借助时间状语的引导。除此之外，英语中还通过动词形式的变化来更加具体地表明动作或状态与所发生时间的关系。英语时态（tense）的主要形式（以动词 study 为例）如表 4-2-1 所示。

表 4-2-1 英语时态的主要形式（以动词 study 为例）

名称	一般时	进行时	完成时	完成进行时
现在时	study	be studying	have studied	have been studying
过去时	studied	be studying	had studied	had been studying
将来时	will study	will be study	will have studied	will have been studying
过去将来时	would study	would be studying	would have study	would have been study

汉语中也经常需要表达过去时、现在时、将来时、进行时等，但是汉语时态表达不涉及动词形式的变化，而是通过一些时间状语进行灵活表达。

汉语现在时一般不需要时间状语的引导，例如：

（1）我叫张燕。

（2）这是一个可以进行交友的网站。

汉语过去时就是在过去的动作前加上时间状语或"原来""曾经"等时态词。

例如：

（1）昨天我去了人民公园。

（2）我曾经在农村住过几年。

汉语将来时就是在未来的动作前加上时间状语或"将""要"等时态词。例如：

（1）我们明天去哪过周末？

（2）新的一年将是团结进步的一年。

汉语进行时就是在进行中的动作前加上时间状语或"正在""正""在"等时态词。例如：

（1）汽车正飞驰在笔直的高速公路上。

（2）新的工作计划正在顺利实施。

汉语完成时即在完成的动作前加上时间状语并加上"完成""已经""了"等时态词。例如：

（1）我已经放弃了继续在这个公司工作。

（2）五年来我们完成了跨越式的发展。

除了时间状语外，汉语中的一些体助词（"了""着""过"等）、趋向动词（"起来""下去"等）以及一些副词都可以辅助表达不同的时态意味。有时汉语的时态意义隐含于句中，需要通过语境判断。例如：

（1）我吃着饭呢。（表示进行）

（2）我吃过饭了。（表示完成）

（3）我明天就去。（表示将来）

（5）我去接你。（隐含将来意味）

英语时态有着严格的使用规则，句子成分之间必须保持一致性。而汉语中谓语动词受到时态的限制较小，使用规则也相对灵活。从英汉时态表达方式的不同上，我们可以进一步体会到英汉语言"形合"和"意合"的不同思维方式。

二、英汉被动句句式比较

英汉语中都有语态（voice）的区分，语态表明了句中主语和谓语动词之间的关系。主动语态（the active voice）指主语做动作的执行者，被动语态（the passive voice）指主语做动作的承受者。在两种语言中，被动语态的使用都十分频繁。

英语被动句主要采用"结构被动"，即被动结构由 be 或 get 加上及物动词的过去分词构成。例如：

（1）I was shocked by the bad news.

译文：我被噩耗震惊了。

（2）Mary got hit by the car.

译文：玛丽被车撞了。

需要注意的是在"be+ 过去分词"的结构中，be 是助动词（auxiliary），可以起到构成句子的作用，尤其是在否定句和疑问句中担当重要的部分；get 不属于助动词的范围，但是在否定句和疑问句中，助动词非常重要。例如：

（1）Are you married ?

译文：你结婚了吗?

（2）I didn't get married at that time.

译文：我那时候还没结婚。

另外"get+ 过去分词"在谈论为自己做的事时表示主动的含义。例如：

I got dressed as soon as I got up.

译文：我一起床就穿上了衣服。

狭义的汉语被动句指"被"字结构句，或由与"被"字同义的"叫、让、给"组成的被动结构。例如：

（1）我被老师批评了。

（2）我让他气坏了。

除此之外，汉语中还存在着大量"意义被动"的现象，即以动词的主动形式表被动意义。例如：

（1）邮件已发送。

（2）房间刚刚收拾过了。

（3）我挨了他一顿打。

相比汉语来说，英语中虽然也有个别以主动语态表示被动意义的例子，但在数量上却远不及汉语中多。例如：

The cake eats well.

译文：蛋糕很好吃。

从被动句的功用和意义上来说，英语被动句的使用范围十分广泛，在所有可以忽略施事者的场合下都可以用被动句。尤其在科技类、新闻类、公文类问题中，为了实现表达语气公正、客观、冷静的效果，被动句的使用就更加频繁。而在汉语中，"被"字由"承受""遭受"的意思演化而来，被动结构往往隐含着"不情愿发生"的意味，如常见的"被捕""被迫"。虽然在一定的语境中，使用汉语被动句是有必要的，但总体来说，汉语被动句的使用频率不及英语被动句。

三、英汉虚拟意义表达比较

语气（mood）指说话者对所说内容持有的看法和态度。英语中的语气主要有陈述语气、祈使语气和虚拟语气。汉语中的语气主要有陈述语气、疑问语气、祈使语气和感叹语气。由于虚拟语气（the subjunctive mood）是英语中特有的语气模式，因此汉语人群在学习英语和进行英汉对译时常常感到迷惑。

虚拟语气用来表示说话人的主观愿望、假想、怀疑、想象、猜测等，而不表示客观存在的事实。英语虚拟语气通过谓语动词的特殊形式来表示，具体用法如下：

虚拟语气在简单句中可以表示委婉语气、祝愿、命令、感叹等意味，例如：

（1）Would you give me a hand？

译文：能帮帮我吗？

（2）Long live the people.

译文：人民万岁！

（3）(You) Do not work so hard。

译文：不要这么卖力工作。

在宾语从句中，动词 wish, suggest, order, insist, propose 等词后面的宾语从句表示的是一种虚拟事实或愿望。例如：

（1）I wish I could help her.

译文：我真希望能帮到她。

（2）The teacher suggested that we should do more exercises.

译文：老师建议我们多加练习。

在 It is important（necessary, strange, natural）that... 这类主语从句中，that 后面的谓语动词要用"should+ 动词原形"的形式。例如：

It's necessary that we should pay attention to the traffic lights.

译文：我们必须注意交通信号。

虚拟语气在表示条件的状语从句和表示结果的从句中使用最多。在表示与事实相反的虚拟语气时，动词有三种时态形式，即现在、过去和将来。例如：

（1）If he should come, what would we do？

译文：如果他真的来了，我们怎么办？（与将来实时相反）

（2）If I had time, I would study French.

译文：如果我有时间，我会学习法语。（与现在事实相反）

（3）If you had got up earlier, you could have caught the train.

译文：如果你早一点起床，就会赶上火车的。（与过去事实相反）

有时 If 引导的状语从句可以省略 If，而把从句中的动词 were, had 或 should 移到主语前面。例如：

Were I you, I wouldn't do that.

译文：如果我是你，我不会那样做的。

与英语虚拟语气不同，汉语虚拟意义的表达不是通过谓语动词的时态变化来实现的，而是通过一些关联词和特定句式来实现的。汉语语法中没有专门关于虚拟意义的规则，表达虚拟假设的意义是常用到假设复句和条件复句。

汉语假设复句包括一般假设式和让步假设式。一般假设式例如"如果……那么……""要是……就……"：要是明天天气好，我们就按计划行动。

让步假设式指前一个分句退让一步，假设存在或出现某种情况，后一个分句在意思上出现一个转折。例如：纵然前路艰险，我们也要一往无前。

条件复句包括必备条件式（"只有……才……"），足够条件式（"只要……就……"），无条件式（"无论……都……"）。例如：

（1）只有付出百倍的努力，你才能在众人中脱颖而出。

（2）只要不下雨，运动会就照常举行。

（3）无论你怎么怀疑我，我都坚持我的说法。

由于汉语具有"形合"的特点，在表达虚拟假设意味时并不严格遵守一定的句法结构，通过句子本身隐含的意义，也能表达出英语虚拟语气的效果。例如：

（1）他年我若为青帝，报与桃花一处开。（隐含意义为：人当然是不能成为主宰自然的"神"的。）

（2）我怎么就没赶上火车呢！（隐含意义为：如果我赶上火车就好了。）

第二节　英汉语句中连接词的比较

连接词是指词语和句子层面的衔接手段。连接词如同胶水一样，连接着词与词、短语与短语、子句与子句、句子与句子。没有连接词，它们之间就无法联系起来，无法组织成自然连贯的语言。所以说，连接词在语言中的作用显著。

一、英汉语言中的连接成分

（一）详述

1. 详述的界定以及与之关联的常见连接成分

韩礼德认为，属详述关系的有两种不同的范畴，即同位与阐明。同位关系又包含换言与举例两个小类。所谓换言，是指语篇中某一成分被用含义相同但措辞不同的另一说法重新表述；而举例，是指采用具体的例子形象地说明问题。

隶属换言连接关系的常见连接成分包括：

英语——in other words, that is (to say), I mean (to say), to put it another way

汉语——这就是说，也就是说，换句话说，换言之

隶属举例连接关系的常见连接成分包括：

英语——for example, for instance, thus, to illustrate

汉语——例如，譬如，以……为例，拿……来说

阐明连接关系涵盖了若干亚类。它们对于语篇中某一成分或是加以修复，或是进行归纳，或是以某种方式使意义更为明显。

隶属矫正连接关系的常见连接成分包括：

英语——or rather，be more precise

汉语——更准确地说，严格地讲

隶属题外连接关系的常见连接成分包括：

英语——by the way，incidentally

汉语——顺便说一下，附带说一下

隶属毋论连接关系的常见连接成分包括：

英语——in any case，anyway，leaving that aside

汉语——无论，不论（如何），不管怎样

隶属列举连接关系的常见连接成分包括：

英语——in particular，more especially

汉语——尤其是，特别是

隶属继续连接关系的常见连接成分包括：

英语——as I was saying，to resume，to get back to the point

汉语——回到刚才话题，回到那个问题上

隶属总结连接关系的常见连接成分包括：

英语——in short，to sum up，in conclusion，briefly

汉语——总之，总而言之，一句话，一言蔽之，总的看来

隶属确认连接关系的常见连接成分包括：

英语——actually，as a matter of fact，in fact

汉语——其实，事实上，实际上，老实说

2. 英汉语篇中详述连接的实例及其衔接功能

陈望道曾指出："实例是很重要的。它是归纳的依据，它有证实或驳倒成说的实力"[①]。本部分以及下文的阐述均是通过英汉语篇中连接成分的应用实例来显示其衔接功能。受篇幅限制，采集和剖析的例证不可能面面俱到，但我们希望，这

---

① 陈望道.修辞学发凡.[M].上海：复旦大学出版社，1979:16.

儿提供的例证足以说明问题。

（1）同位

施罗德斯等编著的《有意识的读者》(The Conscious Reader)中有这样一番话：

"Television always enters a pattern of influences that already exist: the home, the peer group, the school, the church, and culture generally," write the authors of an early and influential study of television's effects on children.In other words, if the child's home life is all right, parents need not worry about the effects of all that television watching.

再看汉语的一个同类例证：

而在道德现象里，我们可以任意干，同时有一条以上的路，让我们自由选择着去走——不过在这许多路中，只有一条是"应当"走的，此外都是"可"走而不"当"走的。换句话说，自然定律是不得不遵守或必须遵守的，道德定律是可以不遵守或不必遵守的，假使道德定律跟自然定律同样的不得不遵守，那么，人类的道德行为，如忠孝奸欺之类，跟水流火烧同等，那何须于"必然"之外添个"应然"呢？

——钱锺书：《读〈道德定律的存在问题〉书后》

这两段同属详述大类、同位小类中换言连接成分在语篇中应用的实例。第一段中换言连接成分"in other words"引导的是作者对上文中那些专业评论家们拐弯抹角的、比较晦涩的文字所作的直截了当的释义；第二段中"换句话说"引导出的则是作者对上文中比喻性文字所作的更为直接明确的解释。不难看出，换言这种详述连接成分不仅将上下文紧密衔接在一起，而且显示了上文与下文尽管表述方式不同，实质上的逻辑语义关系是 A=B。

再看下面两段：

Washington attempted to invest the office with dignity and some splendor, so that it would command respect almost at once.For instance, he demanded of Congress a very high salary that compared with the earnings of a prominent lawyer, arguing that to attract the best applicants a large emolument and expense account should be incumbent with the office.

——Strauss: The Imperial Presidency And American Policy

一代自有一代的必然趋势和结果。例如前面讲过在秦汉时期的文学和文章，虽然在三千年以后的现在，好像一仍未变。而事实上，秦文、汉文，已大有不同之处……。

——南怀瑾:《老文学和新文艺》

这两段中都应用了举例的连接成分。第一段中的"For instance"后面的实际例子使上文中提到的华盛顿的一番努力变得十分具体化——提供高薪是吸引最优秀人才到政府部门就职并使他们赢得尊敬的一个具体有效的措施；第二段中的"例如"后面的文字则使上文的抽象概念得到令人信服的佐证。

（2）阐明

前面提到，阐明属详述的亚类，而这个亚类又可细分为七个小类。在此，我们只能选择其中的一些类型加以分析评述。

先看下面这一段：

穿西服的客人大概搭着上装来，到门口穿上，到屋里经主人一直"宽衣"，便又脱下，告辞时还是搭着走。其实真是多此一举，那么热还绷个什么呢？不如衬衫入座倒干脆些。

——朱自清:《重庆行纪》

以上这段不太长的文字使用了两个属阐明性质的连接成分——"其实"（实情连接成分）和"不如"（矫正连接成分）。两者出现在同一语篇片段中，使上下文衔接得十分紧密，有力地强调了大热天为了装斯文将西服穿上脱下的麻烦和荒唐。

再看以下两段：

We had a marvelous meal at that restaurant you recommended——incidentally, I must give you the number of a similar one I know of that you might like.

——Cambridge International Dictionary of English

……在我看来，……所举"凹镜"一例，也是"罕譬而喻"的。附带地讲一讲作者的文笔，本来就是拖泥带水，不甚流利的；加以滥用名词，愈见诘屈，又好把许多子句、仞语，堆砌起来，中间点缀以括弧符号，成一"见首不见尾"的长句，忘掉文法的地方，亦所不免……

——钱锺书:《一种哲学的纲要》

以上两段都是语篇中前句与后句之间用题外连接成分衔接的实例。有趣的是，第一段讲的是件好事，反映了"One good turn deserves another"这样一个富有人情味的常理；而第二段则是钱锺书先生对贝内特（Bennett）所著《哲学提纲》一书辛辣讽刺和批评，题外连接成分"附带地讲一讲"前面的文字是对贝内特一书内容的批驳，后句则是对其文笔拙劣的无情嘲笑。

再看下面两段：

In short, the investigators looked into every possible cause except the real one.

——Cousins：Who Killed Benny Paret?

你把自己写的书签上名正儿八经地赠给别人，是不是意味着你在替自己打广告，怕别人不知道你又出了一本书呢？是不是还包含有希望别人"指正""批评""拜读拜读"的动机呢？"指正"亦即"拜读"，"批评"亦即"拜读"。不"拜读"何以能"批评"呢？总之，你赠人家书，在人家，就等于你在暗示人家读。

——梁晓声：《泯灭》

"In short"和"总之"是英汉语中典型的总结连接成分。此外，以上两个语段还有一个共同之处——作者的笔调都相当诙谐。前者在"in short"之后寥寥数语勾勒出侦探们的无能，而后者则在"总之"之后一言道破了某些赠书者们暗藏的动机。

（二）延伸

1. 延伸的界定以及与之关联的常见连接成分

延伸是表达在前句或基本小句的语义之外，从正面或反面增加新的陈述，或交代其例外情况。这种延伸关系我们可以用符号"+"来表示。

延伸可粗分为"增补"（addition）、"转折"（adversative）和"变换"（variation）3个亚类。其中增补又可细分为"肯定"（positive）和"否定"（negative）两个小类；变换可细分为"对立"（replasive）、"除外"（substrative）和"选择"（alternative）三个小类。

隶属增补的肯定连接关系的常见连接成分包括：

英语——and, also, moreover, in addition

汉语——再说，再则，而且，此外，况且

隶属增补的否定连接关系的常见连接成分包括：

英语——nor，neither...nor

汉语——也不，既不……也不

隶属转折连接关系的常见连接成分包括：

英语——but，yet，on the other hand，however

汉语——可是，但是，然而，从另一方面来说

隶属变换的对立连接关系的常见连接成分包括：

英语——on the contrary，instead

汉语——相反，恰恰相反，反而，反过来说

隶属变换的除外连接关系的常见连接成分包括：

英语——apart from that，except for that

汉语——除了，除此之外

隶属变换的选择连接关系的常见连接成分包括：

英语——alternatively

汉语——要不，或者，不然

2.英汉语篇中延伸连接的实例及其衔接功能

（1）增补

先看两个例子：

Life is a learning process and by living in a number of places in the United States I have come to recognize and appreciate the pluralism within this country.Also，intellectually at least，I allow myself to think that I am somewhat of a free thinker.

——Krovetz：Going My Way)

凡以上所说，无非要使大家相信，这里的乡村生活的修养，并不一定不能适应将来城市的生活。况且我们还可以举行旅行，以资调剂呢。况且城市生活的修养，虽自有它的好处，但也有流弊，如诱惑太多，年龄太小或性格未佳的学生，或者转易陷溺——那就不但不能磨炼定力，反而早早地将定力丧失了！

——朱自清：《春晖的一月》

第一段中的"Also"和第二段中连续使用两次的"况且"都属增补类中的肯

定连续成分。两个语篇片段的主题颇有几分相似，都是谈论在什么样的地方生活会有什么样的利弊。"Also"和"况且"后面的文字内容都是对前句语义的补充。

下面是两段表示否定意义的连接：

The splintering of the multiple-set family was something the early writers could not foresee.Nor did anyone imagine the number of hours children would eventually devote to television.

——Winn：The Plug-in Drug：TV and The American Family

我不由得又回忆起了当年怎样为他母亲和我母亲买了两条鲫鱼的往事。也不知那两条鲫鱼当年在我家的盆里和他家的桶里继续活了多久？更不知道它们死后，我们的母亲们是怎么做了吃的？当年每人每月只有三两油。……三两油，不能一次都做鱼用了，大概也只有清炖吧……。

——梁晓声：《泯灭》

第一段中"Nor"与前句中的"not"衔接在一起，没有前句中的否定词"not"，否定性的增补连接成分"Nor"便没有意义了。第二段中的"也不"和"更不"也同样是密切关联的否定连接成分。吕叔湘举过汉语中的"两非"用法：

既不抽烟，又不喝酒，这几个钱够他零花了。

非鸦非凤；非驴非马。

不中不西；不僧不俗。

（三）增强

1. 增强的界定以及与之关联的常见连接成分

增强是指语篇中的一个成分为另一个成分补充必要的信息，从而达到增强语义、使其更加完整的效果。

属于这一大类的连接关系种类繁多。它们在"增强"的大范畴内可以分为"时空"（spatio-temporal）、"方式"（manner）、"因果/条件"（causal-conditional）和"话题"（matter）4个小类。

时空连接关系又可细分为"单一式"（simple）、"复合式"（complex）和"篇内序列单一式"（simple internal）3种。复合式是指同时附带其他语义特征的时空连接成分。篇内序列单一式是指表示语篇中文字陈述的先后次序的时空连接成分，与被陈述的事件发生的时间先后无关。

以下是这3种时空连接关系的进一步分类，以及各种相关的连接成分：

（1）单一式

① "之后"（following）

英语——then, next, first…then

汉语——而后，后来，此后，接着

② "同时"（simultaneous）

英语——just then, at the same time

汉语——正在这时，就在此时，（与此）同时

③ "之前"（preceding）

英语——before that, hitherto, previously

汉语——原先，此前，事前，事先，以前，迄今

④ "结尾"（conclusive）

英语——in the end, finally

汉语——最后

（2）复合式

① "即时"（immediate）

英语——at once, thereupon, straightaway

汉语——立刻，马上

② "中断"（interrupted）

英语——soon, after a while

汉语——不久，不一会儿，不多时，稍后，半晌

③ "重复"（repetitive）

英语——next time, on another occasion

汉语——下一次，再次

④ "特定"（specific）

英语——next day, an hour later, that morning

汉语——第二天，次日，一小时后，一年后，那天上午，当年

⑤ "持续"（durative）

英语——meanwhile，all that time

汉语——其间，一直，始终

⑥ "终止"（terminal）

英语——until then，up to that point

汉语——到那时为止

⑦ "时刻"（punctiliar）

英语——at this moment

汉语——此时此刻

（3）篇内序列单一式

① "先后"（following）

英语——next，secondly，my next point is，first then

汉语——接下来，其次，第二，首先……其次

② "同时"（simultaneous）

英语——at this point，here，now

汉语——在这一点上，这里，现在

③ "在前"（preceding）

英语——hitherto，up to now

汉语——讲到这里，到现在

④ "结尾"（conclusive）

英语——lastly，last of all，finally

汉语——最后，末了

与时空连接关系并列的方式连接关系又细分为"比较"（comparison）和"手段"（means）两种，以下是比较和手段连接关系的进一步分类以及各种相关的连接成分：

（1）比较

① "正向"（positive）

英语——likewise，similarly

汉语——同样（地），与此相仿的是

② "逆向"（negative）

英语——in a different way

汉语——相反，与之相反

（2）手段

英语——thus，thereby，by such means

汉语——由此，通过这种方法

因果关系可分为"一般"（general）和"具体"（specific）两类：

（1）一般

英语——so，then，therefore，consequently，hence，because of that，for

汉语——所以，于是，因此，由于

（2）具体

① "结果"（result）

英语——in consequence，as a result

汉语——结果，故而，结果是

② "原因"（reason）

英语——on account of this，for that reason

汉语——正因为如此，由于这一原因

③ "目的"（purpose）

英语——for that purpose，with this in view

汉语——为此目的，鉴于，考虑到

条件连接关系则分为"肯定"（positive）、"否定"（negative）以及"让步"（concessive）三类：

（1）肯定

英语——then，in that case，in that event，under the circumstances

汉语——那么，在这种情况之下，如果那样

（2）否定

英语——otherwise，if not

汉语——否则，不然，要不是（这样）

（3）让步

英语——yet, still, though, despite this, however, even so, all the same, nevertheless

汉语——尽管如此，退一步说，固然，诚然

属增强连接关系的最后一个小类是话题连接关系。话题分为"正向"（positive）和"逆向"（negative）两种：

（1）正向

英语——here, there, as to that, in that respect

汉语——在这方面，在这个问题上

（2）逆向

英语——in other respects, elsewhere

汉语——在其他方面，在（文章的）别处

2. 英汉语篇中增强连接的实例及其衔接功能

这一类型的分类很多很细，因此比较明智和可行的做法是，选择部分具有代表性的实例从一些侧面来观其全貌。

（1）时空

请看下面两段：

Have you ever watched a clumsy man hammering a nail into a box？ He hits it first to one side，then to another，perhaps knocking it over completely，so that in the end he only gets half of it into the box.

——Wanner：Hit The Nail On The Head

在市川的背街上F面包店买了一块钱的盐饼干和其他杂色的糖点，叫装在镔铁罐里送到我家里去。接着又转上正街。在市川车站前面的一家眼镜铺里，替和儿配眼镜……

——郭沫若：《浪花十日》

以上两段中第一段中使用的实际上有两种不同的时空连接成分。"first…then"是"之后"连接成分，"in the end"则是"结尾"连接成分。两种时空连接成分出现在几行文字中，每个小部分都紧密衔接在一起，动作的时间次序一目了然。第二段中使用的显然是"之后"连接成分，配眼镜是买了饼干、糖点之后才做的事情。

再看下面两段：

The United States in 1900：A nation in the process of founding and consolidating a M new empire recently acquired in the Spanish- American War.At the same time，a nation proclaiming an Open Door" to safeguard its already acquired privileges in Asia，privileges shared with other European and Asian nations，largely at the expense of China.

——Bailey：Expansion Outward

从这里我们可以看出，梁漱溟主张"全盘承受"西方的民主和科学，但同时又"批评地把中国原来态度重新拿出来"，实质上是洋务派之"中体西用"模式的现代新版。

——郑大华：《民主、科学与佛学的复兴》

以上两例中"At the same time"和"同时"均为"同时"时空连接成分。第一段中该成分衔接的前后内容是进一层的关系，而第二段中该成分衔接的前后内容则是新版的"中体西用"主张的两个不同的侧面。

（2）方式

先看下面两段英文和中文：

A man is not likely to fashion a spear for himself whose point will fall off in mid-light；nor is a woman who weaves her own basket likely to make it out of rotten straw. Similarly，if one is sewing a parka for a husband who is about to go hunting for the family with the temperature at sixty below，all stitches will be perfect.

——Harris：Why Nothing Works

对于清洁成癖的人，天下没有一样东西是不脏的；同样，俗的东西多少也跟一个人的风雅的程度成为正比例……

——钱钟书：《论俗气》

以上两段分别是英汉语篇中使用"正向"的比较连接成分进行衔接的例子。"Similarly"与"同样"实际上是语义和功能完全相同的等值词。在两例中，连接成分的前句和后句讲述的虽是事物的不同方面，却阐明了相同的道理。

（3）因果/条件

先看下面四段英文和中文：

Culture generally has been transformed by television.Therefore it is improper to assign to television the subsidiary role its many apologists insist it plays.

——Win：The Plug-in Drug：TV And the American Family

当眼镜刚刚从西方传进中国的时候，一般人能够戴得上的很少。上层人物优先地配上眼镜。但当时，很多人认为戴上眼镜看人是没礼貌的事。所以友人相遇，要摘除眼镜施礼。官员戴眼镜上朝还遭到禁止。因此，清末有些患近视眼的官员，经常上朝，却并不知道皇帝长的是怎么一个模样儿。

——秦牧：《仿佛站在飞水潭边》

However，three days later a letter arrived，summoning me to Croydon for an interview.It proved an awkward journey：a train to Croydon Station；a ten-minute bus ride and then a walk of at least a quarter of a mile.As a result I arrived on a hot June morning too depressed to feel nervous.

——Best：My First Job

樵夫偶然看见了伯夷和叔齐都缩做一团，死在山背后的石洞里，是大约这之后的二十天。……结果是有几个多事的人，就地用黄土把他们埋起来，还商量立一块石碑，刻上几个字，给后来好做古迹。

——鲁迅：《故事新编》

以上四例中的连接成分均表示因果关系。不同的是，前两例中的"Therefore"（所以、因此）应归入"一般"因果连接成分的范畴，而后两例中的"As a result"（结果是）则应被视为"具体"因果连接成分。

我们再来看一下属于"因果/条件"连接成分范畴中"条件"类的连接成分的应用实例：

It may rain.In that event，we won't go.

——王文昌主编：《英语搭配大词典》

如果是这样，我理应早早读一些真诚的好书，听朴素单纯的音乐，让高贵与高贵见面。

——鲍尔吉·原野：《让高贵与高贵相遇》

It is important for them to see that the possibility of variable interpretation does not provide a licence simply to be whimsical and random in their reactions, that if anything goes, noting meaningful e- merges.Otherwise, as I have argued, both the intrinsic nature of poetry, and its educational purpose are denied.

——Widdowson: Practical Stylistics

我们应该看到,科学技术的结晶当然是物化了的文化。但求真的科学精神绝不是物质层面的文化。否则,一部西方哲学史的性质就将难以阐述清楚,因为正是这种求真的思想追求构成了西方哲学的主要内容。

——胡军:《罗素与张申府》

When he saw us sitting there and me actually reading, he scolded us both me for my foolhardiness and my mother for allowing it.Nevertheless, I remained absorbed in my book.

——Pliny the Younger: Vesuvius Erupts

杰克·伦敦是美国有数的优秀作家。然而就是这样的作家,在他的作品里表现的思想也常常是瑕瑜并见的。有时宣传了先进的思想,有时却流露着病态的感情。但即使如此,由于共产主义者是最擅于摄取一切人类的文化财富的,杰克·伦敦的较优秀的作品,仍然受到许多人的热爱。列宁赞美它,不是偶然的事。

——秦牧:《人和狼的搏斗》

在这些条件连接成分的应用实例中,我们可以做出区分:第一、二段中"In that event"和"如果是这样"属"肯定(positive)"条件连接成分;第三、四段中"Otherwise"和"否则"则是"否定(negative)"条件连接成分。这样的区分无论从语义的角度来看还是从逻辑的角度来看都是有道理的。第五、六段中的"Nevertheless"和"即使如此"衔接上下文时所表达的是"让步(concessive)"逻辑语义关系,它们是条件连接成分的另一种类型。

(4) 话题

先看下面两段英文和中文:

Where they were not alive with rottenness, quick with unclean life, they were merely the unburied dead—clean and noble, like well- preserved mummies, but not alive.In this connection I may especially mention the professors I met, the men who live up to that decadent university ideal, the passionless pursuit of passionless intelligence.

——London：What Life Means To Me

价值盲的一种象征是欠缺美感；对于文艺作品，全无欣赏能力。这种病症，我们依照色盲的例子，无妨唤作文盲。在这一点上，苏东坡完全跟我意见相同。东坡领贡举而李方叔考试落第，东坡赋诗相送云："与君相从非一日，笔势翩翩疑可识；平时漫说古战场，过眼终迷日五色。"你看，他早把不识文章比作不分颜色了。

——钱钟书：《释文盲》

以上两段中的"In this connection"和"在这一点上"将上下文紧密衔接起来。除此之外，它们点明下文与上文所叙述的内容，无论从问题的性质还是观点的倾向来看，都是颇为一致；下文提及某一具体的事物或援引某一知名人士的至理名言来佐证上文陈述的观点，使这一观点更形象化、更具有说服力。

二、英汉连接成分比较

（一）相同点

当然，在我们对英语和汉语的比较研究中，一个非常重要的任务是试图找出两种语言的不同，包括宏观和微观上两种层面的不同，最后要能够分析和研究出这些差异的原因。然而，我们因此应该更加重视对英语和汉语之间的相似性或普遍特征的研究。学术界的许多学者都开始重视对英汉比较领域的研究，并在他们的研究中都强调了这方面的内容。前文中的许多分析案例，以及对这些内容的分析都说明了英汉对比的重要性，作为语篇中重要的连接方式，英语和汉语的连接成分之间也存在着很多相似的内容。

首先，英语和汉语连接成分的功能是相同的。由于连接成分是单词和词汇组成的，所以他们在和句子以及段落之间相联系时，可以体现出句子和段落之间相互联系的关系，也就是能够体现出句子之间的含义联系和逻辑联系。

第二，从本章中所举的汉语和英语的例子中，我们可以发现，语篇的连接内容通常会出现在句子的开头位置，连接成分的作用就是将前后句子或者是前后的段落进行紧密地连接，发挥着纽带的作用。

此外，英语和汉语的语篇连接成分中都对表达的类型进行了区分，类型有正式与非正式、口头语和书面语的区分。换句话说，两种语言都有一些听起来很有文学性的词，英语中有"hence""thereby""thereupon""hitherto""alternatively""straehtaway"，汉语中有"诚然""鉴于""故""尔后""再者"等词汇，但是在语言实际使用的过程中，大多数连接词都较为口语化，更适宜人们的交流。由于这个原因，本章所总结和分析的例子中所使用的连接词，尽可能都是选用较为朴素自然的语言，这样能够更好地体现出语言使用的趋势。

（二）不同点

英汉语言中的连接词一共有两个方面的主要差异，也就是显性和隐性的差异，另外还有断句方式也会有所不同。英语的显性特征和汉语的隐性特征能够在语言的不同方面都有所体现，除了我们提到了语篇衔接之外，还有语法结构和构词方式上存在的明显差异。

同样，英语和汉语语篇中的连接成分也可以分为隐性和显性两种类型。在下面的例子中就有所体现。

冯二成子喝足了酒，退出来了，连饭也没有吃，他打算到磨坊去睡一觉。常年也不喝酒，喝了酒头有些昏。

——萧红：《后花园》

……我不习惯与朋友合作。我觉得还是自己独立的想写什么就写点什么。写好写坏写成写不成，都由自己担着。一说合作，心理上的压力就非常大。

——有令峻：《放弃与超脱》

1949年9月30日晚间，林治远、梁昌寿为了保证第二天升旗仪式万无一失，再做最后一次试验。但他们万万没有想到，一直运转正常的升旗开关，在这关键时刻出了故障。

他们以一块大红布代旗，安排好后，按动升降开关按钮，这块红布徐徐地向上升起，但红布升到旗杆顶部后，马达却没有按规定停止运行，把这块大红布绞到杆顶的滑轮里面，马达不能转动，旗子也退不下来。此时，安装旗杆的脚手架已经拆除，人上不去，无法修理。

——树军：《天安门广场升旗仪式的变迁》

在上面的三句话当中，所有的连接成分的类型都是隐性的。也就是说，连接成分的作用不是依靠连接的词语而实现的，而是从句子之间和段落之间的逻辑关系中体现出来的，句子的先后顺序也能够体现出语句之间的连接关系。前两个例子的句子之间的语义关系显然是因果关系，而在最后一个例子文字中，第一段中提到的"故障"就在第二段中展开了。

类似的语句实例还有很多。这些例子说明，隐性的连接成分在汉语的句子和语篇中是非常常见的一种语言现象，而且一直被人们使用。但是，虽然说汉语中主要使用的是隐性的连接成分，但是这种连接的成分不能说只在汉语中出现，在英语中也会经常出现隐性的连接成分。例如下文的两个英语的隐性语篇连接成分例子，是由韩礼德在《功能语法导论》一书中提到的。

George Stephenson died on 12 August 1848.He was buried at Holy Trinity, Chesterfield.

Hudson decided next to establish himself in London.He bought what was then considered to be the largest private house in London, Albert House.

第一个句子之间的连接成分体现了时间上的关系，第二个句子则隐含了因果的关系。

我们可以得出这样的结论，虽然英语的语篇连接成分在一般的情况下属于显性的类型，但是也有可能是隐性的。所以我们说，英语和汉语之间语篇连接成分的差异，不是绝对确定的，并不是汉语只使用显性的连接成分，而英语只使用隐性的连接成分，只是说汉语和英语的连接成分体现在使用频率的差异上。

除了隐性和显性的使用差异之外，英语和汉语的断句方式也存在较大的不同，断句方式的差异也能够导致连接成分的不同。

下面的汉语句子长度都较长，构成的结构也比较复杂。如果想要对句子的内容进行分层，除了目前使用的断句方式之外，也可以使用一些句号对句子进行加工。这样一来,一整个长句就会变为多个短句和更多的句子。

到了魏文帝以后,竭力提倡孝道,由此使得历代帝王在政治思想和政治措施上,形成了"圣朝以孝治天下"的名训和准绳。

——南怀瑾:《孝和爱》

自从自杀不成,史循便换过寓处,住在一个较好的房间,隐遁似的比以前更少出来,可是悲观怀疑的色彩却一天一天地褪落了,他自说现在是他思想上的空白时期;他每天在自己的房内坐着,躺着,踱着,不做什么事。

——茅盾:《追求》

在我们到达那里之前数十年,有一天清晨,一个青年农民正摒挡好行装,准备到惠州转道香港出国谋生,突然,远处传来人们的惊喊,不久,就听到号哭声,原来,有一个妇女在天蒙蒙亮时到山涧里去挑水,给潜伏在丛莽里的老虎咬死了。

——秦牧:《奇迹泉》

根据其他学者的分类方法,第一个例子文字中的"由此"不属于语篇的连接成分,而是句子中的连接成分。如果断句的位置在"竭力提倡孝道"的后面,那么这段话就变为了两个句子。"由此"的功能也就发生了变化,变成了第二句话的语篇连接成分。第二个例子和第三个例子的句子更长,句子的结构更加复杂,这样一来,就可以使用更加多样的断句方式了。如果把句子的结构切分的较为明确,那么语篇的连接成分就更好分析了,也就能够更好地分析出句子的内容是显性的还是隐性的,语义上的关系又是怎样的。

我们还应该注意一点,英语中更加强调"形合"的特点,所以断句的形式基本上是不变的,规则性比较强。英语和汉语的明显差异,应该被英汉语篇的连接成分研究格外注意。

第三节 英汉比较在英语语法教学中的应用

英语的语法教学还有很大的进步空间,本节主要对英语语法的教学状况和应用进行分析,说明在英语语法的教学过程中,也应该重视英汉对比的研究,英汉对比可以帮助学生提高对语法知识的学习和接收能力,也能够帮助学生提高英语的综合能力水平。

一、大学英语语法教学的现况

（一）学情分析

在对高校英语专业学生的学习情况进行分析时，主要从"学英语教学情况""学生本人的语法基础水平""在学习中存在的困难"三个问题对学生进行调研。结果显示，由于在中学的教学中不重视语法的学习，所以学生的语法基础较为薄弱；学生们都不是很认可自己的英语学习水平；并且在大学的学习过程中，也认为在学习英语语法时存在着很大的困难。就算已经掌握了英语的语法专业知识，但是进行对话、翻译等内容时经常会出现语法使用上的问题。

（二）教情分析

很多的英语教师都认为英语的语法教学不是很实用，不能很好地提升学生的英语水平。这一说法主要有三个方面的原因。第一，英语语法的教学课时不够充足。一周中只有两节是语法课的内容，教师们也不能在有限的时间内完成语法知识的系统讲解。第二，语法知识的教学一般情况下也受到了讲授方式的限制，课堂的内容是由教师的"讲"为根本，学生的"学"和"练"只起到了辅助的作用，较少能发挥学生的主观能动性，在课堂上的互动情况较差，教学的效果也不够理想。第三，教师的教学方法应该能够做到与时俱进，从新的理论中汲取教学的灵感，避免出现"教师教得累、学生学得烦"的尴尬情况。

二、语法教学中导入英汉比较的理论依据

语法也就是指语言运行的规则和方法。从教学的角度出发，语法教学说明了语法原则和规律的学习和语言表达的练习。教师教学的目的就是对语法的内容进行解释，并且培养学习者学习语法的能力和水平，使得学生能够达到正确组字造句的境界。拉森·弗里曼教授在《语法维度》中提出了动态语法教学观，这一教学观从"形式、意义、用法"三个维度上对语言进行诠释和说明，并结合教授自己的教学经验，对汉语和英语的语法差异进行合理地分析和探讨，并对相同和相

似的地方进行总结。并认为语法的教学主要应该在课堂中进行，并且让学生学会如何从汉语的思维模式转换到英语的思维模式中去，改变学生的语言习惯，让学生在汉语的语言环境中也能够使用英语的语法形式和用法，打造出具有实用性的语法教学。

三、英汉比较在语法教学的应用

下面的表格中是"想要喝水"的相关表述，说明了英汉语法之间的相关差异性，以及应该如何应用，如表 4-4-2 所示。

表 4-4-2 "想要喝水"英汉对比

汉语	英语
水	Water
来杯水	A glass of water
给我来杯水	Give me a glass of water
请给我来杯水	Give me a glass of water, please
我想要杯水	I want a glass of water
	I'd like a glass of water
	I'll have a glass of water
	I wanted to have a glass of water
	I wish I could have a glass of water
有水吗	Do you have a glass of water
给我一杯水，好吗/行吗/可以吗	Give me a glass of water, will you / can you / could you / would you
能给我一杯水吗	Can you give me a glass of water
要是来杯水就好了	If only I had a glass of water

通过表格中的表达对比，我们可以总结出，汉语和英语在表达"想要喝水"的意思时，都使用了单词、词组和句子等结构。从句子的结构上来看，汉语和英语都有疑问句、陈述句和祈使句的句子结构。汉语和英语都有"请"，这一可以表达礼貌的单词，汉语中有"可以吗"等带有礼貌问询的语气词，英语中也有相应的表达方式，比如"please"等句式。但是，英语中的表达有一个和汉语不同的地方，就是表达"客气"和"礼貌"时，英语还可以使用动词的过去时。

在学生掌握了英语和汉语语法的理论之后，就可以根据表达的需要，对实际的情景进行模拟训练，让学生们在实际的环境之下提高自己的语法水平。

英语和汉语的语法规则有很大的不同，学生们在刚开始接触英语语法时经常感觉非常困难，在口语交流和实际写作的过程中往往会使用汉语的语法，也就是我们要避免的 Chinglish 用法。从宏观的角度进行分析，汉语是一种分析型的语言类型，具有如下的五个特点：第一，词尾没有什么变化。第二，单词的变化较少。第三，"意合"是汉语的主要特点。第四，无主语的句子使用的范围比较广泛。第五，无谓语的动词句子使用的频率也较高。

英语则是一种综合型的语言，和汉语相比，具有这样的特点：第一，词尾的变化较多。第二，冠词的使用频次较高。第三，虚词也经常使用。第四，被动形式在句子结构中占很大的部分。

所以，在语法学习过程中，我们要学会将英语和汉语做对比学习，这样能够避免出现将汉语的思维习惯带到英语中使用，提升英语的学习效率。

第五章　运用英汉比较的英语句法教学

本章主要分析英汉比较的英语句法教学，主要分为：英汉关系分句比较、英汉状语比较、英汉名词词组、词序比较以及英汉比较在英语句法教学中的应用四个部分。

第一节　英汉关系分句比较

一、英汉关系分句标记与位置

"英语关系分句（relative clause）是一种由关系词引导的分句形式的后置修饰语。"[①] 英语关系分句主要从嵌入的过程中表现出来，因此也被称为内嵌句。汉语的关系分句则是通过"的"引导的句子形成，所以也叫作"包孕句"。英语中的关系分句一般可以通过关系代词表示出来，而在一些国家的语言中，关系分句和中心名词的关系通常会通过其他的词语进行表现。比如在汉语中，在"的"之间的内容都是定语，并且构成了"的"字的短语，这样的短语可以用来修饰名词。"的"词组的搭配和使用也有一定的规律遵循。"'的'字结构在句子里往往可以代替整个组合。有的是名词已见于上文，避免重复；有的虽然不见于上文，但可以意会。"[②]

英语关系分句的位置一般都是在中心名词的后面，这条规律一般使用于大多数的欧洲语言、阿拉伯语和波斯语等内容。但是在其他的语言中，这条规律就不适用了。例如，在汉语、日语等语言中，关系分句的位置一般都是在中心名词的前面。因此汉语或者日语的英语学习者，就要提前了解关系分句的根本差异。例如，The fans who attending the rock concert had to wait in for three hours.（参加摇滚音乐会的乐迷们不得不排队等候 3 小时）。这一句的内嵌句为"who were attending the rock concert"与名词短语"the fans"是对应的关系，英语关系分句的位置就是在中心名词的后面。实际上，这个句子起到了修饰的作用，也就像一个形容词，对"the fans"的群体和行为进行了说明。英语的关系分句一般作为后置的修饰语，

[①] 章振邦. 新编英语语法教程 [M]. 上海：上海外语教育出版社，1983:413.
[②] 江金照. 续篇易错字指南 [M]. 北京：荣宝斋出版社，2018:661.

但是在汉语中，一般充当的是前置的修饰语。

如果从语法的使用习惯上说，英语关系分句的位置一般都是在中心名词的后面，汉语关系分句的位置一般都是在中心名词的前面。但是不应该认为在汉语中，中心名词永远都在修饰句子成分的后面，这是一个常见的误区。"汉语不仅动作性成分要按先后或因果次序列位，就是受制于中心词的修饰性成分也倾向于'外化'为独立的评价性成分而加以铺排。"[①]把英语的关系分句翻译成汉语的过程中，英语的结构不一定都会被翻译成前置的修饰语内容。尤其是一些充当状语成分的关系分句，因为英语中的状语成分可能是由定语从句担任的，这些定语从句可以说明主语的原因、让步、结果和假设等关系。如果和汉语的句子联系起来，我们就可以说这些定语从句和汉语中的偏正复句起到的作用非常相似。

（1）The ambassador was giving a dinner for a few people whom he wished especially to talk to or to hear from.

译文：大使只宴请了几个人，因为他特地想和这些人谈谈，听听他们的意见。

（2）There was something original, independent, and heroic about the plan that pleased all of them.

译文：这个方案富于创造性，独出心裁，很有魄力，所以使他们都很喜欢。

（3）He insisted on building another house, which he had no use for.

译文：他坚持要再造一幢房子，尽管他并无此需要。

（4）Men become desperate for work, any work, which will help them to keep alive their families.

译文：人们极其迫切地要求工作，不管什么工作，只要它能维持一家的生活就行。

上面的五个关系分句例子分别表示着"原因""结果""让步""目的""条件"。申小龙曾做过以下的比较："He did not remember his father who died when he was three years old. 这句话以限定动词remember（记得）为中心搭建，可以直译为'他不记得他三岁时死去的父亲'。这种句式汉族人听来总觉得过'紧'，不顺畅，因为它是以'形'（动词中心的框架）役'意'的。而按汉族人的语言习惯，这正

---

① 申小龙. 文化语言学[M]. 南昌：江西教育出版社，1993.

是一种按逻辑顺序展开的心理时间流。"[①] 学者的研究和我们所观察到的现象是一致的。在这个例子中，关系分句也起着状语的作用，所以按照汉语的表达原则和逻辑顺序，可以进行这样的翻译："他三岁时死了父亲，（所以）不记得他父亲的样子了。"或者"他不记得他父亲的样子了，（因为）他三岁时就死了父亲。"

二、英汉名词短语的变化比较

因为英语的关系分句中有关系代词这一成分，而关系代词起到了语法化的作用，所以在英语中一般不会出现代词性反应形式（pronominal pronoun），或者叫接应代词（resumptive pronoun）。因为汉语的关系分句中，没有关系代词，所以代词性反应形式（pronominal pronoun）是可以出现的。在不同语言中，名词短语也会呈现不同的特征，英语一般会出现关系代词化（relativization），汉语则会出现接应代词化（pronominalization）。英语和汉语虽然在定语的变化中出现了不同的形式，但是英语中的关系代词化和汉语的接应代词化是存在一定联系的。在英语中，名词短语的关系代词化使用范围非常广泛，大部分的名词短语都能够变为关系代词，几乎不受到什么限制。基南和科姆里研究出了一个"名词短语代入能力表"（表5-1-1），主语名词短语是最容易代入关系代词的一种名词短语类型，而比较结构的宾语名词短语是最不容易代入关系代词的一种类型。

主语 NP——The book that is on the coffee table was written by Wallace.

直接宾语 NP——The authors that he mentioned are well known.

间接宾语 NP——The girl（to）whom we gave the message is not here.The girl who we gave the message to is not here.

介词宾语 NP——The child from whom you took the candy is crying.The child who you took the candy from is crying.

比较结构的宾语 NP——The only person that I was shorter than was Fritz.The only person than whom I was shorter was Fritz.

---

① 申小龙.文化语言学[M].南昌：江西教育出版社，1993：482.

表 5-1-1 名词短语代入能力表

	英语关系代词		汉语接应代词	
	可加	可省	可加	可省
主语名词短语	√	×	√	√
直接宾语名词短语	√	√	√	√
间接宾语名词短语	√	×	√	√
介词宾语名词短语	√	×	√	×
所有格名词短语	√	×	√	√
比较结构的宾语名词短语	×		×	

根据这个表格的内容，可以总结出，在英语的名词短语代入能力中，只有比较结构的宾语名词短语代入能力较低。而上面的五种名词短语代入的能力比较高。所以在对比英语和汉语名词短语代入能力之后，我们可以得出，在汉语中，名词短语的接应代词化使用范围非常广泛，大部分的名词短语都能够变为接应代词，几乎不受到什么限制。例如：

主语——那放在咖啡桌上的书是瓦莱士写的。

直接宾语——他提到过他们的那些作者是著名的。

间接宾语——我们给了她信的女孩不在这里。

介词宾语——你从她那里拿了糖的孩子正在哭。

所有格——你想知道他的名字的人是卡尔·诺斯。

比较结构的宾语 NP——我比他矮的唯一的人是弗里兹。

但是在学习这方面的内容时，要注意英汉语使用的差异，关系代词在英语关系分句中使用，并且关系代词一般情况下是不可以省略的；接应代词在汉语关系分句中使用，但是接应代词在一般情况下是可以省略的。而在学习关系分句的过程中，母语是汉语的学生会出现在一个句子中共同使用关系代词与接应代词的情况：

主语——The book that it is on the coffee table was written by Wallace.

直接宾语——The authors that he mentioned them are well known.

间接宾语——The girl（to）whom we gave her the message is not here.The girl who we gave the message to her is no there.

介词宾语——The child from him whom you took the candy is crying.The child who you took the candy from him is crying.

所有格——The man who his name you wanted to know is Cal North.

第二节　英汉状语比较

状语是英汉语言表达中最具表现力、最能灵活变化的句子成分，能够在句子中适应不同的位置，状语能够和句子中的其他成分产生多样的联系，所以我们认为状语是语言中最多变的一种句子成分。状语可以分为三种类型：附加语（起到修饰作用的状语）、外加语（评注性状语）和联加语（连接性状语）。谓词修饰状语和非谓词修饰状语是修饰性状语的两种类型。

附加语是一种能够修饰动作状态或其特征的状语形式，能起到修饰行为和相关成分的重要作用，并且和动作的关系非常紧密。可以将附加语的内容分为多个不同的基本范围，其功能是协助中心语更好地表达出相应的功能，并起到语义上的支撑作用。在通常的情况下，附加语能够表示出不同的时间和方式、程度和比较、因果和目的、类别和意见等内容。

外加语是指说话者对语言内容本身的表达方式和情感上的评价。

联加语是一种能够更快速地传达信息和将信息连贯在一起的手段，最终的目的是达到更好的交流效果。

在三种不同类型的状语中，形式最灵活的就是附加语，它能够以"中心语＋属性"的结构履行描述行动状态的各种属性的功能。这种用语言对行为状态的描述因为个体的不同而存在较大的差异。

一、英汉语状语成分比较

英语状语可以根据概念的差异而分为两种类型：第一类叫作一般状语，可以更好地起到修饰动词、副词、形容词和句子的其他部分的作用；第二类叫作句子状语，可以起到修饰或描述句子本身含义的作用。根据一般状语的不同作用，可以将状语分为伴随、形式、程度、约定、条件、情况、目的、原因、方式、时间、地点等多种类型，对状语和谓语在语义层面的关系进行了详细地说明。状语中的很大一部分内容是由一般动名词组成的。在汉语的语言表达中，一般状语在通常情况下处于谓语之前，所以我们认为一般状语的位置比较单一。而在英语的语言表达中，一般状语可以放在谓语之前的位置，也可以放在谓语之后的位置，有时甚至还出现在谓语之间的位置，所以一般状语的位置在英语中较为复杂。

（一）英语的状语成分

1. 副词

副词可以在句子中用作状语的成分，尤其是使用 –ly 结尾的副词，可以起到修饰形容词、动词和副词的作用，如：

（1）She welcomed us warmly.（动词）

（2）The show was really good.（形容词）

（3）Ruth ran the house extremely well.（副词）

2. 介词短语

介词短语在作为状语使用时，可以用来对时间、地点、方式、原因等内容进行表示，如：

（1）She has been here since Monday.（时间）

（2）Water flows through the pipe.（地点）

（3）We found the place without difficulty.（方式）

（4）He lost his job owing to a change in management.（原因）

3. 不定式或不定式短语

不定式或不定式短语在充当句子的状语成分时，主要的作用是表明了句子中的目的、结果、程度、原因等，如：

（1）They did everything they could to save her life.（目的）

（2）He hurried to the house only to find that it was empty.（结果）

（3）She is old enough to travel by herself.（程度）

（4）We jumped with joy to hear the news.（原因）

4. 分词或分词短语

现在分词和过去分词是分词的两个基本分类，它们可以在句子中充当状语的成分。在书面的表达方式中，当分词和分词短语充当状语成分时，常常会为了表示伴随、原因、时间等内容，将分词、分词短语用逗号将它们和主谓语的成分分开。

（1）现在分词

① He stood helpless，not knowing what to do.（伴随）

② Not knowing their language，he found it hard to get work.（原因）

③ Walking through the park，we saw a fine flower show.（时间）

（2）过去分词

① Stunned by the blow，George fell on the floor.（伴随）

② Much discouraged，she moved on to Reeds.（原因）

③ Surprised at my reaction，she tried to console me.（时间）

5. 形容词或形容词短语

形容词或形容词短语也能够在句子中充当状语的成分，在使用时常常用逗号和句子的谓语分离开，如：

（1）Enthusiastic，they are quite cooperative.（形容词）

（2）He rushed over，eager to help.（形容词短语）

6. 名词或名词短语

英语在发展的过程中，开始流行使用名词充当状语的成分。英语中可以作为状语的名词，包括时间和数量名词，可以表示具体的时间、数量或手段等，如：

（1）She nursed him day and night.（时间）

（2）This luggage weighs 20 kilograms.（数量）

（3）He recited the list to himself，parrot fashion，till the doctor's name came out.（方式）

(二)汉语的状语成分

1. 名词作状语

可以表示时间、数量和地点的名词都可以在句子中充当状语的成分,表示具体的时间、数量或地点等内容,如:

(1)我们在北京见面吧。

(2)以后,李明每隔一个星期的时间就来看望李红。

2. 动词作状语

(1)于观连忙使劲点了下头。

(2)迎着夕阳的余晖,他走上了回家的路。

3. 形容词作状语

(1)大家都满怀着紧张和兴奋的心情开始了登山的活动。

(2)人们都从心底里希望能够为国有企业谋划出一条转型的路径,这是大家心中最热切的愿望。

4. 数词作状语

(1)他一步并做两步走,很快就到了目的地。

(2)人们都一群一群地围过来了,有的来打听最新的消息,有的来询问队长针对这样的问题提出了怎样的意见。

5. 介词短语作状语

(1)老张的资历比较久,具有很多很丰富的经验,老王在工作的时候一直很重视他的意见。

(2)他去哪里工作,我也跟他一起换到新的公司。

6. 副词作状语

(1)看见了这个手势,我就随之站了起来,并接着说道:我要去上厕所,这样她可就不能继续跟着我了。

(2)那你就详细地说明一下,你到底了解了什么商业的发展方案?

7. 连词作状语

(1)当她明确地告诉我,她的工作已经丢了,我心里反而更加安定了,这些天的纠结也终于有了一个结果,我的心情也豁然开朗了。但是,我依然在犹豫是不是应该将这件事情告诉她的好朋友。

（2）男人往往在社会生活中缺少一定的安全感，他一直在寻找一个心灵的归宿，最终认为和女人结婚可以解决一切的问题。然而，女人却不认为心灵的归属感要依靠婚姻来获得。

8. 主谓结构作状语

在汉语的表达习惯中，充当状语成分的分句中会经常将主语的部分省略掉。在汉语的表达结构中，这种句式有时候会显示出关联词，有时则不显示。例如：

（1）每个学生都活力满满地进行自己的学习任务。（不显示关联词的主谓短语"活力满满"在句子中充当状语的结构）

（2）他径直握住了笔，然后缓慢而庄重地在名单上签了字，然后慢慢地抬起了脸，看张伟的眼神中充满了不屑的神情。

二、英汉语状语语序比较

在除去了语用影响的背景下，常规语序主要包含了四个内容：

（一）主体 + 时间 + 空间 + 状况 + 变动 + 邻体 + 客体

（1）小王 + 前天 + 在市场 + 开心地 + 给了 + 我 + 一条小鱼。

（2）老张 + 上个星期 + 在公司门口 + 悄悄 + 送了 + 我 + 一束花。

（二）主体 + 时间 + 状况 + 起源 + 行为 + 趋向 + 客体

（1）老师 + 前几天 + 用自行车 + 从仓库 + 拉到 + 教室 + 一把椅子。

（2）工人们 + 昨天 + 早早地 + 从市场 + 运 + 到工地 + 一批材料。

（三）主体 + 时间 + 空间 + 关系 + 系体

（1）李华 + 很久之前 + 在班级里 + 担任 + 班长一职。

（2）张伟 + 五年前 + 在日本 + 有 + 很多公司。

（四）时间 + 空间 + 存在 + 行为主体

（1）这时 + 天上 + 下着 + 大雨。

（2）1949年 + 在北京 + 举行了 + 开国大典。

如果在汉语的句子中出现了多个状语，我们一般在表达时会使用：时间＋空间＋工具＋手段＋谓语动词。而英语会出现和汉语完全相反的顺序：谓语动词＋手段＋工具＋空间＋时间。

第三节　英汉名词词组、词序比较

一、英语中名词的作用

英语在句子中比较看重词语的具体含义，比较习惯于使用不同的名词来表达不同的句子含义。名词不仅可以用来表达人名和物体，也能够对事物的不同发展状态和变化情况进行调整和改变，因此在英语的习惯表达中，更大语言单位的构建通常会使用以名词为中心的方式，才能传达出更为复杂的思想感情。而汉语在句子的表达中通常会较为看重动词发挥的作用，在表达更为复杂的思想感情的时候，一般会在句子中着重使用动词，或者在句子中使用动词构成的词组或者是句子。比如，英语的句子"Let's begin our lesson."，句子的重点不在动词"begin"上，而是在句中的名词"lesson"上。如果用汉语表达这句话的含义，则会形成这样的句子"让我们开始上课吧"，句子中的重点就是动词"上课"。相类似的短语还有：give me a five（击掌），Organize a meeting（组织一场会议），have a break（中场休息一下），do washing（洗涤），make a course plan（作课程的计划）。我们可以根据上述这些词语总结出一些成分的特点，发现这些名词的词组中，他们都有相对应的动词，分别是 five，meet，break，wash，plan。

复合名词也常常会出现在英语的结构中，动词词组是复合名词的重要构成成分。例如，stand-by（靠山），take-off（起飞，出发点），by-pass（旁道，支流），bringing-up（养育，抚养），going-over（痛打，痛骂），out-clearing（票据交换额），editor-in-chief（总编辑）。

另外，英语的名词在句子中还可以当作形容词来使用。例如，generation gap（代沟），mood music（抒情音乐），book store（书店），gas station（加油站），generation，mood，book，gas 本来都是名词的成分，在这几个名词的词组里起到了形容词的作用。

名词在英语中的重要地位可见一斑。所以，有必要探讨一下英汉名词词组的区别。

二、英汉名词词组、词序的区别

修饰词和中心词的成分共同构成了英语中的名词，另外修饰语的形式也较为灵活多样，有形容词、分词、代词、名词性短语、介词短语、不定式以及它们变换组合而形成的名词。英语和汉语在名词使用上的差异主要体现为各种修饰语与中心词的不同关系以及不同修饰语之间不同的组合关系上。

（一）英语修饰语与中心词的位置关系

英语和汉语在名词性词组结构上最显著的区别就是修饰语和中心词之间的位置关系。在英语的句子中，修饰语的位置既可以放在中心词之前也可以放在中心词之后，通过句子中的其他成分（如形容词词尾或关系词等）可以把修饰语与中心词紧密地连接在一起。除了特殊的情况或者修饰句子的要求之外（如"他是个学生，高中的"），目前我们使用的汉语，中心词会放在修饰语的后面，利用结构助词"的"将修饰语与中心词的关系紧密联系在一起，当然"的"在一些情况下是可以省略的。如果用"画家"（painter）为中心词进行展开，在汉语和英语中使用修饰语形成的句子分别如下：

美国画家 an American painter。

美国有名的画家 a famous American painter。

美国油画画家 an American oil painter。

美国有名的油画画家 a famous American painter of oil painting。

20世纪90年代的一位美国有名的油画画家 a famous American painter of oil painting in the 1990s。

因为英语和汉语修饰语的使用顺序是不一样的，当我们需要对名词性词组进行翻译时，英语修饰语的翻译就不能根据按汉语的习惯顺序进行。如"有名的中国山东风筝"应译为 famous Shandong kitets of/from China，而不是 famous China

Shandong kitet。

从根本上来说，英语在句子中的语言中心词十分注重实际含义的表达，中心词和修饰语之间必须确立明确的关系，英语修饰语的位置是靠前还是靠后，由词汇的词性和语言的具体表达场景决定。修饰语的位置安排一般会参考语句的表达效果，最终的目的是为了让句子能够更好地被理解。一般来说，形容词应该放在名词的前面，少数情况下也会出现一定的变化。如"让一些事情变得更加美好"make something more beautiful，"没什么"nothing serious 等例子。但是如果出现了原文本信息含量比较大的内容，比如在句子中出现了很多有"的"的修饰语，或者是出现了多个带有修饰语词性的词，那么在翻译名词性词组的过程中，则很难找到合适的修饰词，需要使用其他意思相近的修饰词语，或者将形容词和修饰语结合起来进行使用，并从句子整体上为修饰语寻找合适的位置。如"值得思考的学术难题"是 a academic problem worthy of thinking；"网络资源非常丰富的课程"是 courses with rich network resources；"这种题材的电视剧大家都很感兴趣"译为 This kind of teleplay is very interesting to all。同样的道理，当分词成为单独的修饰语成分通常会被放在句子的前面，和修饰语结合起来使用时，通常会将分词放在句子的靠后部分。如"书面申请"是 written application；"职员的亲笔申请"既可译为 written application from the office worker，又可译为 application handwritten by the office worker 或者 application in the office worker's handwriting；"有关条款中提及的项目"译成英语时修饰语必须后置：items mentioned in the relevant articles。

（二）英汉修饰语的长度

英语的定语在篇幅长短方面没有定势，一般会根据句子的具体含义内容和表达的习惯进行确定。现代汉语的定语具有篇幅短，较为简练的特点。比如，英语说"a tall handsome, neatly, experienced data analyst"，在汉语的表达中，我们当然可以这样翻译"一个身材高大，长相帅气，衣衫整洁，具有很多工作经验的数据分析员"。但是，这完全没有翻译为"一个数据分析员，身材矮小，身材高大，长相帅气，衣衫整洁"更加符合汉语的表达习惯。这是因为第一个句子的中心语的修饰词太多了，显得句子结构非常的不整齐，文句也给人一种非常呆板和无聊的感觉。所以我们可以发现，由于名词在句子的结构中起着非常重要的作用，英语在使用名词对某一事物的状态或变化进行说明和分析时，通常会借助名词前后的修饰语或限定语进行表达，而在汉语的句子中通常会使用谓语和表语的结构进行说明。

（三）修饰语之间的位置关系

如果在句中许多的修饰语都围绕着一个中心词，不仅要单独考虑它们与句子其他成分的关系，还要考虑它们之间的顺序关系，并在翻译时考虑到英语与汉语的差异情况。例如，如果英语名词短语中的两个或多个形容词没有围绕着一个名词进行展开，而是分别对名词的内容进行修饰，那么在这时，就可以使用逗号或者连接词将这些修饰词隔开。例如，"清澈的湖水"为 a clear, blue late water；"漫长寒冷的冬天"为 a long, cold winter；"甜蜜而快乐的假期"为 a sweet, happy holiday 或者 a sweet but happy holiday。在翻译的过程中，注意灵活调整修饰语的不同顺序，修饰语的顺序有时是由修饰语的词性所决定的。例如，在英语名词短语中，如果形容词、分词和其他修饰语也被副词修饰，那么副词总是排在句子的开头，但在汉语的习惯句子表达中，选择作为副词的修饰语可能排在句子的开头或者是句子的末尾。例如，poorly paid job 的中文解释是"低薪工作"；completely successful plan 则是"计划完全成功的意思"；drastically reduced salary 译为"工资水平大幅削减了"。如果遵循上述修饰语的扩展顺序和次序规则，汉语中的同一个修饰语可以用多样化的英文词语来翻译，汉语中心语的位置也会随之进行调整。所以我们可以使用多种的翻译方法对长度较长的名词词组进行翻译，在使用的时候要结合具体的语言环境。

（四）表意功能上

在汉语中，定语起到了对中心词的修饰或限定作用。而在英语中，定语的从句在一定的情况下，不仅会起到修饰或者是限定的作用，也可以表达主谓和动宾等不同的关系。这种情况的定语一般是代词或者是名词所有格以及个别短语，以及表示目的、让步、条件和原因等内容。语境是翻译过程中非常重要的条件之一，语境可以是一个词组也可以是一篇文章。在名词的词组中，修饰语和中心词是有上下文关系的，也就构成了一个小的语境。同源的修饰语，如"还原剂"可译为 reducing agent 或 reductive agent；"旅行费用"可译为 traveling expense 或 travel expense；"工作服"可译为 working clothes 或 work clothes；帆船可译为 sailing boat 或 sail boat；"相互竞争的出版社"可译为 rivaling publishers 或 rival publishers。但"安全地点""安全措施"和"安全帽"这三个词组中，第一个"安全"当"安全的"讲，后两个"安全"则是"为了保证安全"的意思，它们分别译为 safe place，safety measures 和 safety helmet。再如，"失业工人"是 unemployed workers，而"失业救济"是 unemployment pay；"经济政策"是 economic policy，而"经济舱"是 economy class。

第四节　英汉比较在英语句法教学中的应用

一、英汉比较在句子理解的运用

整个大学阶段中最难的语句理解和翻译就是研究生英语考试中的阅读理解。一项针对学习英语阅读理解的学生的调查显示，学生在阅读文本时遇到的问题不是找不到问题的答案在哪里，而是在找到有答案的句子之后，只能够掌握句子中单词的正确翻译，但无法完全掌握英语句子的实际含义，这是因为阅读理解中的英语句子篇幅太长，而且结构也非常烦琐。掌握英汉句法对比的方法，能够帮助学生在长难句的分析层面进行深入的剖析。英汉语言之间存在"形意关系"的不同使用习惯，这也能够解释为什么英语的句法关系比汉语的语法更加烦琐。具体而言，英语的表达中主要追求句子的"形合"，而这样的表达习惯更能帮助英语在发展的过程中形成"枝干式"的基本机构，即使是最长的句子也只有一个主干，由不超过五种基本句型构建而成，即主语＋系动词＋表语，主语＋谓语，主语＋谓语＋宾语，主语＋谓语＋间接宾语＋直接宾语，主语＋谓语＋宾语＋宾补。但其主句的每一个具体的部分，即每一个英语从句中，都包含着一个完整的句子结构，并且从句的发展和延伸是不能够离开这五种基本句型的，因此，在英语中复合句和从句是非常常见的。而在汉语的表达习惯中，句法上对于"意合"的追求,使汉语中的句子向着"竹节式"的结构方向发展,也就是说可以使用逗号的形式将每一个短句连接起来,而不需要像英语一样,主干句子中包含很多的从句结构。这样,在汉语中,简单句的结构非常多,就不像英语一样,句子结构又长又难以理解。

因此,分析英语长而复杂的句子的方法可以总结为三个方法:第一,分离枝叶,即提前明确句子中不同的从句结构,比如主语从句、表语从句等;第二,留下句子的主干,即找到整个句子的主语、谓语和宾语部分;第三,分开层次进行分析,分析每个从句的具体结构和不定式动词的内部结构,从而从部分理解全部的句子含义。这表明,引导学生分析长而复杂的英语句子时,必须先从句子的主体结构开始分析,把握句子的含义是提高学生阅读能力的一个非常有效的手段。

二、英汉比较在句子写作的运用

大学生在表达英语的过程中,经常会将汉语的语法融合进去,也就是我们在日常学习过程中应该避免使用的 Chinglish。中国学生在使用英语的语法过程中,经常会将汉语的表达融合进句子的语法中,从而产生出很多错误:I go to school yesterday. What does he do last week? 正确语法表达应该是:I went to school yesterday. What did he do last week? 学生尤其会在一些英语中常用的固定搭配上出现问题,如 there be 句型、否定反意句式的回答方式和一些连词的用法上。

在英语的句子中,主从复合句里名词从句和状语从句和汉语的语法、表达顺序基本是一样的,但定语从句中的表达顺序和汉语的表达顺序存在很多的不同。主语表达的内容也存在很大的不同,汉语的主语一般情况下是人,而英语的主语经常是物品和事件,所以,汉语多为主动句,英语多为被动句的根本原因,等等。在分析和总结英语和汉语的基本特点时,我们首先要对英语和汉语进行比较的分析,汉语是一种分析性语言,有五个明显的特点:第一,大量使用描写句,也就是没有谓语动词的句子;第二,大量的句子没有主语;第三,在句子中比较看重"意合"方法的使用;第四,在句子中,词的顺序是比较固定的;第五,词语的末尾没有形式上的变化。英语是一种综合型的语言,它有四个明显的特点:第一,被动的句型较为常见;第二,虚词的使用也较多;第三,冠词的使用也较为频繁;

第四，词汇的末尾没有变化。因此，在学习语法的过程中，我们应该注重对英语和汉语语法的对比学习，这样可以尽量减少汉语语法对英语语法学习的负面影响，帮助学生更好地区分两种语言语法方面的学习。

与母语的学习过程相比较来说，外语学习对学习者的认知能力提出了较高的要求。中国学生通常处在母语的学习环境中，不能经常接触外语环境，学生使用外语进行交流的场合也不多，所以学生需要在学习的过程中对外语与母语的表达方式、句法结构进行有意识地分析，并自觉主动地使用迁移的学习方法。教师应根据每个学习者不同的认知水平和语言能力，利用学生对汉语的学习经验来促进英语的学习和掌握，克服语言学习过程中负迁移的负面影响。奥苏贝尔提出了一个名为"先行组织者"的教学策略，他在阐述这一教学策略中说明，在学习过程中应该将较为固定的观点利用起来，强化自己的认知结构。他主要强调了预先学习的重要作用，并强调了材料的引导性作用，比原来的学习内容具备更高的概括性和参与性，并且能够和知识结构中的根本观点和学习任务结合在一起，使其成为促进语言学习和防止认知干扰的一种有利策略。这一教学的策略能够帮助学习者将原有的知识结构和新的知识内容更好地联系起来，从而提升学习效率并且维持学习的状态。在学习英语的过程中，一般如果要使用"先行组织者"和对比分析策略，就说明先导性的学习材料中就出现了与汉语差异很大的内容。一种方法是用具体的例子来帮助学习者回忆在同样的语境或意义中，汉语的表达习惯是怎样的，然后再使用英语对这一例子进行分析和表达。最后，使用总结和分析的方法，教师可以让学生自行归纳和总结英汉之间的不同差异，形成自己的结论，这样才能记忆得更加牢固。另一个方法是在课程开始时，在句子层面介绍英汉语言和用法之间的主要差异，然后用表达的例子和文本材料加以详细地说明。

学生在完成句子分析的过程之后，应该及时使用图形将自己的意思表现出来，并得出这样的一个结论：英语的句式结构是树形的。在分析一些古文的选段时，学生会感到非常为难，不知道如何做语句上的分析，所以他们中的许多人尝试用英语的语法和句式结构对汉语的句子进行成分上的分析，但是英语的句式和中国古文的句式差别更大。经过反复的思考，学生们可以总结出，汉语的句式结构和英语的句式结构有很大的差异，因此，不应该直接套用和分析。汉语句子的结构不是非常整齐，并且经常根据人的思路而展开，有的时候根据人的动作顺序，有的时候根据人说话的逻辑顺序，有的时候根据时间和空间的顺序而延伸，而且它们受到所要表达意思的限制。因此，我们说汉语句子的结构是一个竹子形状的。因此，这样一来，我们就清楚了英语句子的树形特征和汉语句子的竹型特征有什么样具体的差别。在教学的过程中，应该使用多种类型的例句帮助学生进行语法的强化，并从认识到实践，帮助学生纠正产生的错误。这样一来，在学生的意识中建立了一个强大而严密的组织结构，帮助学生充实知识结构中的不同内容，他们英汉句子结构的差异和理解已经非常扎实和深刻。随后在进行课后的巩固，在此期间，学生将会掌握理论和实践的关系，并将知识运用得更好。在知识得到巩固的基础上，通过语言环境中的实践练习，学生的英语句子表达能力和写作能力都会得到很大的提升。

第六章 运用英汉比较的英语语篇教学

本章的主要内容是运用英汉比较的英语语篇教学，主要分为：英汉语篇衔接手段比较、英汉语篇段落结构比较、英汉语篇模式比较以及英汉比较在英语语篇教学中的应用四个部分。

第一节　英汉语篇衔接手段比较

衔接是在话语生成过程中把句子形成语篇的基本条件，从已经形成的语篇来看，衔接也是语篇中一个较为明显的特征之一。语篇中的句子通过不同的衔接方式，可以更加紧密地固定在一起；使用不同衔接方式衔接起来的句子，则可以更紧密地固定在一起。如果在表达的过程中缺乏一定的衔接手段，有时在一个看似有联系的段落中，实际上每个句子之间都缺乏必要的逻辑关系。提高翻译水平的前提是对原文和目标语言的表达方式有充分的了解，最重要的是对后者的理解和使用能力。由于不同的语言有不同的衔接手段，即使非常了解原文的衔接手段，也不能代表能够将目的语的内容生动形象地翻译过来，而且在翻译过程中，衔接手段和技巧往往会发生变化，却可以达到与原文相同的效果。这说明，对文本衔接的认识和理解可以帮助提升理解原文和提高翻译的水平。语法衔接和词汇衔接两种类型共同组成了语篇衔接：照应（reference）、替代（substitution）和省略（ellipsis）共同构成了语法的衔接手段。搭配（collocation）、上义词（superordinate）、同义词（synonymy）、重述（reiteration）等都属于词汇衔接的手段。在词汇衔接方面，这两种语言的不同并没有那么多，相似之处多于差异。然而，衔接的不同之处主要是在照应、替代、省略、连接等衔接手段上，因此，本章主要对这些内容进行对比和分析。

一、英汉照应衔接手段的对比

在一个语篇中，如果我们并不是很清楚一个词语的具体解释，就可以从和词语较为相关的一个对象中寻找对应的答案，我们经常说的照应关系就是指这一分析的过程。在实际的应用过程中，我们一般把照应分为下面四个类型：人称照应（personal reference）、指示照应（demonstrative reference）、比较照应（comparative reference）和分句照应（clausal reference）。本书将对人称照应和指示照应进行详细的阐述。

（一）人称照应

先使用这样一个具体的例子：

Readers look for the topics of sentence to tell them what a whole passages is "about", if they feel that its sequence of topics focuses on a limited set of related topic, then they will feel they are moving through that passage from cumulatively coherent point of view.

在这个例子中，代词"they"的含义一开始并不明确，而是要依靠所指的对象内容才能进一步地确定。如果想要详细地翻译出来，就必须根据上下文进行语境的分析。

从上下文的内容我们能够确定，"they"和"readers"两个单词是相互照应的关系。在汉语的句子结构中，照应的关系也是经常存在的。汉语在使用照应的关系时，指示代词、指示代词+名词、代名词、裸名词是经常使用的名词种类。

从照应关系的种类来看，英汉两种语言之间的差异并不大，但是英语使用照应关系的频率要更高，尤其是人称代词这方面，这是因为英语中追求表达的简洁。

（二）指示照应

英语与汉语表达中的指示代词数量是相同的，分别是这/那，this/that。首先，"这"与"this"都是在表示近称时使用，"这"与"this"在基本的表达上有着相同的含义，都能够对之前的内容进行代指，也可以叫作回指。另外，也可以使用这个词进行接下来内容的代指。先行词在照应表达以后出现，被称为后方照应。后方照应可以用"这"与"this"来表示，而"that"与"那"通常都用在前方照应的情况下，后方照应中就不能使用"that"与"那"。然而，在实际的对话中，"这"与"this"都不能代指说话双方刚提到的事件。下面的例子中，如果使用了"这"与"this"就有一种非常不自然的感觉。

A：I think that my novels are better than his.

B：I agree with that（statement）/this（statement）.

译文：A：我认为我的小说比他的好。

B：我同意那个（陈述）/ 这个（陈述）。

"that"与"那"在上面的例子中，表示说话双方刚提到的事件。"that"与"那"也可以表达为说话者刚刚完成的内容。

As she said this she looked down at her hands, and was surprised to see that she had put on one of the Rabbit s little kid gloves while she was talking, How can I have done that?

不过，该例句中的指示代词不能直接翻译为"那"，这样表达起来就不自然了，that 可以翻译为"这"。译为：我怎么能这样做？

二、英汉省略衔接手段比较

语篇的衔接过程中经常会用到省略衔接手段。省略衔接手段的主要作用就是减少重复的内容，突出主要的内容。省略（ellipsis）也被称为"零式替代"（zero substitution），通过省略句子中的某些内容和成分，避免表述内容的重复，从而使修辞和表达的过程能够更加清晰和明了。在日常的语言对话中，我们就能经常使用到省略的方式，因为省略能够提高表达和交流的效率，也就是我们经常说的经济的原则。在语篇修辞的内容中，经济的原则是非常重要的，这样的原则对人们的表达水平提出了更高的要求，也就是让人们在满足表达需求的基础上，尽量节省和节约。在日常表达的交流过程中，省略衔接的手法是我们经常使用的。然而英汉语在实际表达时，差异总比相同之处要多，汉语中经常会进行词语上的重复，目的是对内容进行重复，我们经常见到的排比句就是一个很好的例子，汉语语篇中词语的重复率还是比较高的。因此，从中心语方面进行比较，汉语里面中心语的表达要比英语中中心语的重复率要高，也就是说，英语中经常使用省略。下面对英汉语篇中主谓语省略的使用情况进行具体分析。

（一）主语的省略

例子如下：

She had to creep and crawl, spreading her knees and stretching her fingers like a boy trying to climb the steps.But she talked loudly to herself:She could not let her dress be torn now.So late in the day, and she could not pay for having her arm and her leg saved off if she got caught fast where she was.

译文：她不得不像小孩子爬楼梯似的四肢着地，匍匐前进。一面爬，还一面大声说：天这么晚了，这一次可不能再把衣服钩住了。假如这样，除非砍掉手脚，才能挣脱，那可不行哟。

在上面的中文文本中，一共省略了五处主语的表达，这使得文本简短而清晰，感觉更加经济，而在英文中，"she"作为句子中的必要的结构，是没有办法省略的。我们从这个例子中可以看出，英语的句子结构较为严谨，每个句子的主语都是不可以缺少的，而在汉语的表达中，句子的主语可以在不影响表达的情况下，进行适当的省略。

（二）谓语的省略

英语和汉语在谓语省略方面最大的区别是谓语动词的省略，尤其是实义动词的省略。由于英语主要是一种为了达到"形合"目的的语言，它可以利用一些语法的手段对实义动词进行省略，如时态标记或情态标记，而汉语在需要省略谓语的情况下，主要通过重复这一词汇或其他词汇来替代需要表达的内容。

三、英汉替代衔接手段的对比

替代指的是用代替的方法改变文本中的一个内容，替代之后，句子的意思不能够更改。在语法和修辞学中，替代的主要目的是为了能够将重复的内容删除，提高表达的效率。在语篇中，替代的内容中包含了替代衔接手段的意义，所以替代是衔接语篇的一个重要手段。在英语和汉语中，替代都是作为一种衔接手段而使用。

根据韩立德和哈桑等学者的研究和观点，替代可以分为三种类型，分别是名词性替代（nominal substitution）、动词性替代（verb substitution）和分句性替代（clause substitution）。这里主要介绍名词性替代、动词性替代两种手段。

（一）名词性替代

名词性替代指的是使用可以当作名词词组的中心词将句子中的名词替换了。

在英语中，one，ones 和 the same，the kind，the sort，such 等词都是经常使用的名词性替代。其中，one 是使用频率最高的词汇，替代的对象是上文已经出现过的可数名词词组。在需要表达单数时使用 one，在需要表达复数时使用 ones。

（二）动词性替代

动词性替代指用动词性替代词去替代动词词组。英语中可以替代动词词组的替代词为 do。

A：Do they have dinner at that small restaurant？

B：Yes，they do.

在这个例子当中，替代词 do 可以替代 A 句中的 have dinner at that small restaurant。汉语中的动词性替代使用频率和英语相比较低。汉语中经常使用的动词性替代词为"做"等替代前文中提到的动词词组。

第二节 英汉语篇段落结构比较

了解语篇的段落结构是语篇理解的重要方面。在本节中我们总结归纳出三种语篇段落结构：顺序关系结构、层次关系结构、递进关系结构，这些组织结构与衔接手段配合使用，起到语篇连贯的作用。下面我们就提供一些英语和汉语例子做比较。

一、顺序关系结构

顺序关系结构指语篇按事物发展的先后顺序展开，是一种比较简单的叙述方法，适用于按步骤或按固定程序进行描述的语篇，英语和汉语里都有按时间顺序、空间顺序发展的语篇。先来看汉语以时间顺序发展的语篇：

渐渐地天空变成了浅蓝色，越来越浅。转眼间天边出现了一道红霞，慢慢扩大了它的范围，加强了它的光亮。我知道太阳要从那水天相接的地方升起来了，便目不转睛地望着那里。果然，过了一会儿，在那里就出现了太阳的一小半，红是红得很，却没有光亮。这太阳像负着什么重担似的，慢慢、一步一步地努力向上面升起来，到了最后，终于冲破了云霞，完全跳出了海面，那颜色真红得可爱。

——巴金：《海上日出》

作者以时间为线索，讲述了海上日出的过程，作者运用大量的时间标志词"渐渐地、转眼间、过了一会儿、慢慢、一步一步、到了最后"同太阳升起的过程相结合，给读者展现了一幅完整的日出画面。

再看下面的这段英文语篇：

Set the temperature of the oven to 225 °C.Sprinkle some flour onto your work surface and place the ball of dough in the centre.Dust the dough and rolling pin with flour and roll on both sides to create the pizza base.Next，dust the circular baking tray with flour and place the dough on top.Then with your fingers，push the dough outwards to create a rustic circle.Spread the tomato pizza sauce over the rolled dough.Sprinkle with ham，mozzarella and pineapple chunks，season with salt and pepper and its ready to bake.Place the pizza into the middle of the preheated oven and bake for 15~20 minutes.Remove the pizza from the oven，cut it into slices and garnish with some parsley for that colorful touch.Finally，drizzle with some olive oil and serve.

这是描述怎样做比萨的一个过程，非常详细地按顺序介绍了做比萨的步骤，也是一个典型的顺序关系结构语篇。

以空间为线索描述事物也是英语和汉语经常采用的方法。

莫高窟大门外，有一条河，过河有一溜空地，高高低低建着几座僧人圆寂塔。塔呈圆形，状似葫芦，外敷白色。从几座坍驰的来看，塔心竖一木桩，四周以黄泥塑成，基座垒以青砖。

——余秋雨：《道士塔》

上面这段话描写的是道士塔。先说明地理位置，再具体描述塔的外形、塔心、塔的四周及基座。同样，英语语篇中也有根据空间进行描述的：

The windows of my bed-room looked out among tiled roofs and stacks of chimneys，while those of my sittingroom commanded a full view of the stable yard.I know of nothing more calculated to make a man sick of this world than a stable yard on a rainy day.The place was littered with wet straw that had been kicked about by travelers and stable-boys.In one corner was a stagnant pool of water, surrounding an island of muck; there were several halfdrowned fowls crowded together under a cart, among which was a miserable, crest-fallen cock, drenched out of all life and spirit; his drooping tail matted, as it were, into a single feather, along which the water trickled from his back; near the cart was a half dozing cow, chewing her cud, and standing patiently be rained on, with wreaths of vapor rising from her reeking hide.

——Washington Irving: A Wet Sunday in a Country Inn

这段话以空间为线索，描述了一个阴雨天里的乡村客栈，先描写从卧室和起居室的角度看到的景象，接着描写了马厩院子，再讲到院子的一角和马车下的鸡，紧接着是马车不远处的奶牛。这段话通过空间顺序描绘了客栈院内的情景。

可见，汉语和英语在篇章结构中都会运用时间和空间线索，英汉语篇的差别主要在衔接的手段上，而在采用的叙述方式上没有太大的差别。

二、层次关系结构

层次关系结构是指语篇不是按直线顺序来发展，而是分成几个层次分别展开叙述，最终为证明一个主题。首先我们来看总分形式的语篇，就是首先阐述主题观点，再具体进行论证：

每个人在生活中都要树立一个目标，否则他的生命就没有地方实现价值。每个年轻人都在努力成为一个成功的人。一个年轻人只想着获得大量的财富，那他就是缺乏目标的人，就像只专注于权力和名声，也是缺乏目标的表现。一个想要成功的年轻人往往会根据自己的实际情况出发，而实现目标。狄斯拉里的故事就是一个很好的例子。狄斯拉里在一开始进行社会生活时，希望能够在文学和演讲方面有所建树。他在文学方面获得了很大的成就，但是在演讲方面则显得稍微有些不足。最初，他在演讲方面是完全失败的。但他坚信自己能够克服自己的缺点，并以坚韧不拔的精神追求自己的目标。他周围的人都不赞同他的做法，并认为这个想法非常不切实际，并认为他是一个怪人，但是狄斯拉里最终超越了自己，并让自己在文学领域和演讲领域都获得了很大的成功。

这个故事并不是想和大家说明，年轻人想要成功就要成为文学大家或者是在演讲中非常有才华的人。还有许多其他职业与学者或演说家的工作一样高尚和光荣。这个故事只是为了说明，一个年轻人应该努力增长自己的见识，提高自己的学识水平，宁愿制定的目标太高而不能够实现，也不能因为自己的志向水平太低而让自己感到难过。

这段话先指出主题：每个人一生中都该有个志向，每个年轻人都力求成为一个有成就的人士。然后通过狄斯拉里的故事来证明一个年轻人须志向高远。再来看英语类似的例子：

Nothing that tries to meet an ever-changing situation over a terrain as vast as contemporary English can hope to be free of them. And much in it is open to honest, and informed, disagreement. There can be linguistic objection to the eradication of proper names. The removal of guides to pronunciation from the foot of every page may not have been worth the valuable space it saved. The new method of defining words of many meanings has disadvantages as well as advantages. And of the half million or more definitions, hundreds, possibly thousands, may seem inadequate or imprecise. To some the omission of the label "colloquial" will seem meritorious; to others it will seem a loss.

——Bergen Evans：But what s a Dictionary For ?

上面的段落先陈述主题句：任何一部字典想要适应当代英语的日益变化就不可能没有缺点。然后举例来说明这一观点，如删除专有名词，去掉发音指南，为多义词下定义，词条的内容不够精确，删掉"口语用法"语体说明标志。这个英语语篇和上面的汉语语篇很相似，都是先提出主题观点，再具体举例说明。

接下来我们看分总形式的语篇，首先进行论证，最后提出主题观点：

清高的"清"，意思比较明白，无非是为人清白正直，不搞斜的、歪的、见不得人的勾当。至于"高"的含义，则似乎不同于高风亮节、德高望重之高，而是总要带上一点孤独乃至孤僻的意味，或者可以解释为孤高。因此，清高的名声首先总是落到遗世寄居的隐士头上。

——金开诚：《漫话清高》

上文先分别对"清高"这个词的"清"和"高"做出解释，然后由人们对这个词的理解而总是让人想到那些遗世寄居的隐士头上。在英语中，同样也有这样的例子：

Such had been Mary Wollstonecraft's first experience of the joys of married life.And then her sister had been married miserably and had bitten her wedding ring to pieces in the coach.Her brother had been a burden on her; her father9 s farm had failed, and in order to start that disreputable man with the red face and the violent temper and the dirty hair in life again she had gone into bondage among the aristocracy as a governess in short, she had never known what happiness was, and, in its default, had fabricated a creed fitted to meet the sordid misery of real human life.

这段话先描述了玛丽生活中经历的各种家庭变故，种种生活的艰辛让她失去了幸福，最后总结出正是这些生活的污浊与不幸使她总结出自己的信条：独立高于一切。英语语篇中这样的分总结构不如汉语中多见。

三、递进关系结构

递进关系结构的句子采用环环相扣、层层推进的方式排列，语义也随之不断加强，直到得出一个结论，英语和汉语也都会采用这种篇章结构。

当你在积雪初融的高原上走过，看见平坦的大地上傲然挺立这么一株或一排白杨树，难道你觉得它只是树？难道你就不想到它的朴质，严肃，坚强不屈，至少也象征了北方的农民；难道你竟一点也不联想到，在敌后的广大土地上，到处有坚强不屈，就像这白杨树一样傲然挺立地守卫他们家乡的哨兵，难道你又不更远一点想到这样枝枝叶叶靠紧团结，力求上进的白杨树，宛然象征了今天在华北平原纵横激荡，用血写出新中国历史的那种精神和意志。

——茅盾:《白杨礼赞》

上面的语篇采用的就是递进的关系结构，用"难道"引导反问句，层层递进，由白杨树的精神联想到质朴的农民、坚强不屈的哨兵，意思一步步加强，最后联想到新中国历史的精神和意志。下面的英文语篇节选自马丁·路德·金的《我有一个梦想》：

We have also come to this hallowed spot to remind America of the fierce urgency of Now.This is no time to engage in the luxury of cooling off or to take the tranquilizing drug of gradualism.Now is the time to make real the promises of democracy.Now is the time to rise from the dark and desolate valley of segregation to the sunlit path of racial justice.Now is the time to lift our nation from the quick sands of racial injustice to the solid rock of brotherhood.Now is the time to make justice a reality for all of God's children.

——Martin Luther King：I have a dream

这段演讲稿采用的也是递进的关系结构，马丁·路德·金呼吁道：现在是非常急迫的时刻，现在是实现民主的诺言时候。现在是攀登种族平等的光明大道的时候，现在是向上帝所有的儿女开放机会之门的时候，现在是把我们的国家从种族不平等的流沙中拯救出来的时候。语气逐渐加强，意思层层递进，表达出对取消种族歧视的强烈愿望。

第三节　英汉语篇模式比较

对语篇模式的研究包括语篇的宏观结构研究和微观结构研究，前者研究语篇的整体结构，后者研究语篇中句子与句子的关系结构，不同的语篇模式是不同语义内容的体现。王佐良、丁往道在《英语文体学》中提出，无论何种类型的语篇，随着时间的推移都会形成一种较为固定的模式，这样的固定模式使其区别于其他语篇的内容。在研究语言学的过程中，语篇模式的研究也不仅仅是一种研究的内容，也是一种行之有效的教学方法，随着时间的推移，受到人们在实践中的重视。对语篇的模式进行剖析，可以掌握语篇的基本规律，从而让学生更好地掌握语篇的内在含义。

一、问题——解决模式

问题——解决模式在语篇模式中是一种非常基础也是非常容易掌握的模式，情景、问题、解决方案、结果四部分内容是问题——解决模式的基本构成。这四个构成的内容可以是一个单独的小句子，也可以是两句或是更多的句子。"问题+

解决办法"的基本结构是贝克尔发现并总结出来的。这个模式也在接下来的几十年一直被人们所使用，应用的范围非常广，不仅仅包括说明文的内容。哈尼也对问题——解决模式进行了研究，并认为这一结构可以在多种场景中使用，而黄国文则将问题——解决模式应用于广告领域中，因此这种语篇模式在说明性文章、科技论文、广告中是最为常见的。我们来看一则中文减肥广告的语篇：

（1）肥胖不仅令人失去健美的身材，而且还会影响健康，减肥与崇尚健美如今已成为现代人提高生命素质的一种文明时尚。

（2）那么如何做到天然健康的减肥呢？

（3）绿瘦是您放心的选择，它对所有肥胖患者减肥成功率十分高，不会出现腹泻和乏力现象，对身体无不良反应。

（4）绿瘦可消除腰部、腹部、腿部、臂部、臀部脂肪，越是脂肪堆积多的地方减肥越快。

（5）使用绿瘦能将体重减轻，并不需要特别节食运动，减肥速度惊人，减肥效果喜人。

（6）所以，天然植物的减肥法才是真正值得推荐使用的瘦身法。

这则广告包含了我们在前面提到的情景、问题、解决方案、结果四个组成部分。（1）句属于"健康减肥成为时尚"的情景，（2）句紧接着提出问题，（3）（4）为解决方案，（5）句为对使用绿瘦减肥的评估，（6）句为结论，最后两句其实都是语篇的结论。

英语语篇这里来看这样一个例子：

（1）Most people like to take a camera with them when they travel abroad.

（2）But all airports nowadays have X-ray security.

（3）One solution to this problem is to purchase a specially designed lead-lined pouch.

（4）These are cheap and can protect film from all but the strongest X-rays.

在这个例子中包含了四个句子。第一句说的是情境，第二句说的是问题，第三句说的是解决办法，第四句是评估或者可以说是结果。（1）是大多数人出国旅行都喜欢带照相机这个情景。（2）陈述的是一个问题：所有的飞机场都用X光进行安全检查,而 X 光会损坏胶卷。(3)提出买一个特制的用铅作衬里的小袋来解决(2)中的问题,而(4)指出铅线袋不贵,而且可以保护胶卷,它是对(3)所说的办法做出的肯定评价。

结合上面对英汉语篇的分析可以看出,采用这种模式组织的语篇具有相同的特点:它首先对背景的内容进行了描述,其次是对问题或现象的描述,然后做出相应的反应,最后产生不同内容的评价。问题——解决模式在中英语篇中出现的频率极高,是最基本的语篇组织模式。

二、提问——回答模式

提问——回答模式通常在语篇的开始就将问题说明,句子的内容主要围绕这个问题展开,以寻找答案。情景、提问、回答是基本的结构组成,提问、回答是最重要的组成部分,情景的内容反而不是很重要。

不会上网或使用网络不是很方便的农民工应该怎样购买火车票呢?铁道部相关部门的负责人表示,现在买票也可以通过打电话的方式,和网上订票的时间相同,提前售票的时间都是在 20 天就开始了,目前网上的订票量约占总售票量的35%,电话订票的数量就比较少了,大概只占 4%,农民工在买票的时候仍然可以使用传统的方法,通过打电话的方式进行提前购票。此外,铁路部门还对农民工群体的团体票人数进行了调整。在通常的情况下,共同买票的人数达到 10 人就可以开始申请了,有些铁路部门甚至进一步减少人数。同时,通过增加班次的人数、在预售期间提前申请团体票、将团体票统一送到农民工工作的地点等方式,为农民工群体提供更加方便的购票机会。

以上语篇是典型的提问——回答模式,在语篇开头设置一个明显的提问式问题:不会上网或者上网不方便的农民工如何买火车票呢?接下来篇章的发展都是为寻求这一问题的答案来展开,提出一些具体方案来解决农民工购票难的问题。

看英语语篇中的例子:

What is the West？Who is part of the West？Or who defines the West？ There have been endless question on the Western world and its various aspects.Practically speaking, the world "Wes" does not hold an international definition; it is a social, cultural and political concept passed down through ages to its present day connotation.

这段英语在开头连续提出三个问题都是关于 west, 接下来都是围绕着这三个问题进行的一系列讨论。毫无疑问，这是一个提问——回答模式。

三、主张——反主张模式

主张——反主张模式又可称为主张——反应模式或假设——真实模式。该模式主要由"情景""主张""反主张"三个内容组成。情景很多情况下是可有可无的，在主张部分，作者先陈述自己或他人普遍认可的观点或情况，主张部分可以包括该观点或情况的内容、论据；在反主张部分，作者对主张部分中的观点或情况进行评价，即支持或反驳、肯定或否定，并提出自己的主张或观点，反主张部分包括论据、例证。

由于现在的教育机制和社会现实相结合，所以人生的轨迹就会随着时代的变化而变化，在当今社会的大背景下，我们要依靠不断的努力奋斗才能在人生的道路上活得更精彩，但是如果能够抓住一个好的机遇则会使你更上一层楼。那么究竟哪个更重要呢？有些人认为，成功的实现并不能够完全依靠机遇这一个条件，成功的关键不在随机的因素，成功的实现一定要依靠自身的努力，不确定的因素是虚无缥缈的，所以奋斗才是关键。而也有人则不这么认为，许多人奋斗多年，但结果却是很不尽如人意，而机遇予与人的要很多，好的机遇能给我们起到事半功倍的效果。我觉得奋斗其实更为重要，只有奋斗才能不断提升自己的能力，能够抓住机遇、掌握机遇、创造机遇更是由个人能力来决定得，这些又何尝不是奋斗的一部分。

这个语篇首先呈现一个大的背景，提出人生道路上奋斗与机遇哪个更重要。然后展现两种人持有的不同观点，并对每一个观点进行说明论证，最后作者本人表达自己的观点，认为奋斗比机遇更重要，并加以论证。

Many people are inclined to take active physical recreation, like sports, camping and fishing in their leisure time, while others would rather participate in more intellectual activities.Like reading, listening to music, watching films and so on.Although it is unreasonable and impossible to tell which one is absolutely better than the other, in my opinion, it seems more advisable for the young people about 20—25 years old to take the latter which is in accordance with their unique characteristics.

这则英文语篇讨论的是在闲暇时间选择什么样的活动,语篇先指出两种不同人的选择方式,最后提出自己的意见,更倾向于选择一些智力活动。

四、概括——具体模式

概括——具体模式的另外一个名称是一般——特殊模式,概括陈述、具体陈述、总结陈述是这个模式的三个基本结构内容。总结陈述是对语篇的总结性概述,陈述的内容不会和语篇的内容完全重合,概括——具体模式可以有两种形式:第一,先总结后出例子,其特点是先提出语篇的总体主题,然后再根据详细的例子对主题的内容进行论证;第二,从整体上论述细节的内容,其特点是先将语篇的整体内容总结出来,对大致轮廓有基本的了解,然后是具体断言的整体和细节的例子。第二种方式是以一般的陈述开始,对整个语篇的内容进行细节的说明,然后提出语篇的详细论证内容。例如,下面这段中文就是一个很好的说明。

黄山怪石的名字都是很有意思的,它们有不同的含义,趣味性也比较强,主要对内容的特征进行了详细的说明。岩石的名字有的与宗教有关,有一种神话的色彩;有的和动物或物体的外形有关;有的与人类行为有关;有的与历史故事和民间传说为主题。怪石的各种形态都和精神紧密地结合在一起,使静态的岩石景观变得生动。有的名称也反映了中国传统的文化和道德概念,如"关公挡曹"名称中的主题是"义","周王拉车"的内在主题是"礼","孔明借东风"所体现的内涵是"智","武松打虎"将"勇"的内涵体现得淋漓尽致,"介子背母"体现了传统的孝道观念,"苏武牧羊"的故事中包含着人的气节。这些石头的名字是为了将传统的民族文化更好地传承下去,可以给当代的年轻人们带来深刻的启迪。

上述这段话就使用了概括——具体模式,开头先说黄山怪石的名字要么具备形似,要么具备神似的特点。接下来用具体的描述和例子说明这些石头是如何根据石头的外形、社会生活中的经验、神话传说和历史上的故事来命名的。下面的英语语篇也使用了相同的模式。

Then as you penetrate deeper into the bazaar, the noise of the entrance fades away, and you come to the muted cloth-market.The earthen floor, beaten hard by countless feed, deadens the sound of footsteps and the vaulted mudbrick walls and roof have hardly any sounds to echo.The shop-keepers speak in slow, measured tones ? and the buyers, overwhelmed by the sepulchral atmosphere, follow suit.

——Bazaar：The Middle Eastern

英文语篇是典型的先整体后细节模式，语篇先呈现在读者眼前的是市场深处一个清净的布市，然后详细介绍布市为什么清净：硬邦邦的泥土地面踩上去没有声音，拱形的屋顶墙壁不能产生回音效果，店主和顾客们都低声细语。

第四节　英汉比较在英语语篇教学中的应用

一、英汉对比在语篇写作教学中的应用

（一）切实注重形、意间的差别并融入教学

在实践教学方面，在实际进行大学英语写作教学的过程中，应该对教学的环节和内容进行适当的优化，避免因英汉语言上的差异而造成写作过程中的失误。第一步是分析和研究上文中提到的"形合""意合"等基本问题，将这些基本的因素纳入教学到教学的过程之中，并在实际的情况中对写作教学的方法进行分析和研讨。从教师的角度出发，掌握了"形合""意合"的区别，就等于掌握了教学过程中的侧重点，通过优化教学的过程来提高学生的整体学习效率和实际掌握水平。同时，教师应集中精力分析写作过程中学生出现的各种失误，不仅仅包括了之前提到的语法问题，也包括两种不同文化中实际存在的差异和不同，以便在适应语言和文化背景的同时将学生的实际词汇和写作能力提升上来。

（二）切实展开写作训练，重视对比分析

提高写作水平的重要途径之一就是加强日常的写作训练，在训练的同时，教师可以从语法、句子和语义方面对学生的写作成果进行评价和分析。在分析的过程中应该更加强调对比分析的实际效果。最后，学生将获得有关对比分析的文化

知识和写作技巧，以提高他们对英语语言和文化的理解层次，并巩固他们的英语语言技能。

（三）将英汉对比思维模式引入英语写作教学中

在提高学生英语写作能力时，也要重视阅读在这个过程中发挥的作用。只有提高阅读量，学生才能针对适合的材料进行独立阅读，才能实现思维能力的提升，才能逐步提高写作的创造能力。此外，英语教学能够促使学生扩大他们的想象力，让学生放飞想象的翅膀，在课堂内外进行多样的教学活动。教师可以带领学生到户外开展相关主题的教学活动，帮助他们发现校园在一年四季的时间跨度内的变化，让学生感受大自然的魅力，并使用文字抒发自己心中的感想，表达出学生对生活的向往和自然生活的热爱。教师要为学生创造一个具有美感的阅读氛围，这将有助于减少学生的消极情绪，他们在这个过程中也可以加深对文本的理解，培养他们对阅读和写作的兴趣，使他们从心底里爱上写作和阅读的方式。同时，在阅读英文原版文章或文学作品时，教师应引导学生对英汉文化的不同现象进行比较和分析，使学生逐渐明白什么样的表达才是最符合英语表达形式的表达，从而提高英语表达的准确性。

（四）利用"合作—研究"模式引导学生

英语老师也可以在实际的课堂教学过程中使用"合作—研究"的模式，组织学生们分成小组的形式，以小组为单位对文化差异的习惯进行探讨和研究。合作—研究"的模式是一种较为尊重学生主体地位的学习模式，把学生分为不同的小组，让学生利用网上的资源在一起分享和交流学习中的各种问题，使学生在具体的写作中更好地理解和掌握英汉之间的文化差异，提高学生掌握知识的速度，同时更好地发挥学生的学习主体作用，让学生更好地理解和掌握文化的知识。老师可以让小组中的成员发挥不同的作用，首先一起确定一本成员们都很感兴趣的书籍，在充满趣味的阅读中学习英汉文化的知识，在小组学习和交流的过程中使用英汉对比的知识分析书中的语句和用法，让学生们发挥自己的创造力进行学习，提高学生在学习过程中的趣味性。

二、英汉比较在语篇理解教学中的应用

（一）理解词汇意义

由于地点、社会、环境等方面的不同，汉语和英语为表达同一事物或观点所选择的词汇也不同，所以彼此在表达的习惯上有很多约定俗成的差异，而这些差异往往不会被其他国家的人熟知。因此，教师在进行英语课程的开展时，首先要让学生了解句子中最基本内容的词汇，要彻底讲清楚单词的具体含义，然后放在文本中，让学生通过具体的语境进行学习和掌握。意思相近的词汇可以在转换的过程中更好地掌握，如 to have a thin（thick）skin，脸皮薄（厚）；think twice，三思等固定的搭配。然而，英语和汉语终究是两个截然相反的语系，有着不同的思维方式，在词语的表达和固定用法上有很大的不同。在英语中，一个单词可以有很多的含义，有时与汉语中的一个单词意思相同，有时则完全相反。因此，在引导学生理解课文的内容时，我们要认真准备讲课的内容，使他们更准确地理解具体的单词在课文中表达什么内涵。另一个例子是"个人主义（individualism）"，它在汉语里基本上属于贬义词，但在英文中却是一个非常中性的单词，在某些情况下甚至有了积极的色彩。另一个例子是"政治家"一词，它在英语中有两种不同的表达方法，即"politician"和"statesman"，"politician"具有消极的含义，"statesman"是较为积极的。因此，在对学生进行语篇内容的教学时，我们应该注意让学生自己去探索词汇背后的含义以及文化的差异。

（二）分析句子结构

许多不同的句子内容共同组成了文章的内容，如果句子结构有很多相似的地方，学生就会很容易地在两个结构很相似的句子中总结出相似的地方。翻译的过程中，选择的表达和顺序结构也都是非常相似的，但如果这两个句子的结构存在很大的差异，教师就要帮助学生独立进行句子结构的分析和翻译，有可能翻译出来的句子和原文是完全相反的顺序。比如说，Keep off the grass.（不要践踏草坪）；Wet paint!（油漆未干！）这两个简单的句子可以反映出，汉语的句子开篇直接说明来意，然后展开讨论或表达情感的部分。而英语的句子则先要将自己的情感表

达出来，然后再接着叙述事件的详细部分。汉语的句子中，会经常使用多种类型的修辞手法，如比喻、隐喻、对偶、设问等，使用这些修辞的目的是让表达更加优美。在英语中，经常使用多样的句子结构进行变换，让文章的内容看起来更加有层次性。因此，英语和汉语的句子在结构上就具有很大的差异性，各有各的特点，教师在让学生进行英汉对比学习的过程中，就应该注重这些差异内容的学习。在理解英语句子的含义时，学生必须首先理解句子想要表达什么具体的含义，然后理清句子的层次和结构，并深入剖析句子不同成分的内在逻辑。这样发展下去，学生们将养成更快、更准确地阅读英语句子和语篇的习惯。

（三）注重整体意识

词汇被组合成句子，句子被组合成语篇。在理解句子的过程中需要注意构词法以及句子的结构之外，也要从语篇的整体内容上进行理解。在语篇的内容中，句子不能随意地拼接在一起，而是必须在意思上连贯起来，结构的衔接也要较为自然。在理解文章和句子时，汉语在句子中更强调整体性的思维，语言更倾向于主观性的表达，比较讲究正向的语言顺序；而英语在表达句子时，更加重视个人的情绪表达，忽略了语言中的主观性，更倾向于抽象性，逻辑也是较为混乱的。在传统的语言学习过程中，一些学生在没有完全掌握文章含义的情况下就认定了内容的具体含义，导致他们的理解与原文中的原本含义有了很大的差别，甚至是完全错误的。为了更好地解决这一问题，在进行阅读理解的教学过程中，教师应让学生明确汉语中的详细和真实含义，能够将历史背景、风俗习惯和其他影响因素全部考虑进去，从而完全理解句子的内涵，保证对文章整体有一个细致和深入的理解。

虽然在阅读理解的过程中，大部分都是语言文字的分析和理解，但是阅读理解的内容不仅仅是单词和句子的结构和含义。阅读理解的过程中也包含着一定的技术水平，需要详细了解两种语言——英语和汉语分别具备的文化内涵、社会习俗、思考的方式，以及他们之间存在的差别。阅读理解的课程在大学英语的学习过程中对提升学生的知识水平和学生的英语素养起到了很大的作用，但阅读理解给许多学生的学习带来了困难和障碍，让学生在学习英语的过程中感到非常吃力。

大多数学生承认，经过多年的努力，他们几乎没有在阅读理解方面取得进步，这说明在学生的学习活动中提高学习语言的能力是非常关键的。目前，学生学习语言中经常产生的问题就是英汉对比带来的，也是老师和学生最难解决的问题之一，需要教师在学习的过程中给予英汉学习足够的重视，在英汉对比和阅读技巧上下功夫，最终提升学生的实际学习效果。

  培养学生的英语阅读能力也是当今英语教学中重要的教学目标之一，对英语语篇中组织结构及语篇模式的学习则是阅读教学中的重要组成部分。这不仅对英语阅读教学有一定的指导意义，还对学生全面、正确理解英语语篇，提高英语阅读理解能力有所帮助。进一步讲，英语阅读作为一项二语教学，英汉对比就显得尤为重要。如果对英语语篇和汉语语篇从宏观的组织结构、模式分析到微观的遣词造句上做具体的分析，对比两者之间的异同，那么就会对大学生的英语阅读水平有一定的帮助。另外，围绕语篇的体裁而展开的教学活动也是种类繁多的，如课堂教学中通过对不同体裁语篇交际目的和组织结构的学习，让学生了解不同体裁的语言和风格，这样，学生在创作语篇时就可分别遵循各类体裁独有的惯例，创作出丰富多彩的语篇。语篇不仅是一种语言的建构，还是一种社会意义的建构，同时还有助于培养学生语言交际的能力。从体裁的角度对语篇进行分析时，如果单纯从"结构"出发，分析体裁和语篇，学生对语篇结构内容的理解就是不完善的，也不能更好地从结构的角度对语篇进行分析和解读。因此，在学术界形成了在语篇教学的过程中将体裁和语篇组合教学的模式。这种教学观摆脱了传统单一的语篇教学模式，把体现语篇交际目的的体裁与体现语篇组织结构的模式相结合，构成了一个更全面的语篇分析。若在语篇教学中采用这样的分析方法，可以帮助学生在进行语篇阅读时，根据特定语篇固有体裁结构来确定语篇的模式，根据语篇的模式了解作者想要表达的问题，从而预测作者接下来想要表达的内容。这对提高学生阅读速度及效率是大有益处的。

第七章 运用英汉比较的英语翻译教学

第七章　运用英汉比较的英语翻译教学

本章的主要内容是运用英汉比较的英语翻译教学，主要分为：翻译的界定与分类、英译汉的一般技巧、英译汉文化差异的弥合以及英汉比较在英语翻译教学中的应用四个部分。

第一节　翻译的界定与分类

在科学技术日新月异、各国间政治、经济、文化往来也日益频繁的今天，翻译作为各国间交流的媒介和手段越来越显现出其重要性。虽然越来越多的人渐渐认识到翻译的重要作用，但人们对翻译还缺乏系统的认识。本节就对翻译的定义、分类及中西方翻译进行研究。

一、翻译的定义

对翻译的定义，中外学者分别给出了各自的观点。以下是一些具有代表性的观点，以供读者参考。

（一）中国学者对翻译的理解

东汉著名文学家、语言学家许慎在《说文解字》中分别解释了"翻"和"译"：

翻：飞也。从羽，番声。或从飞。

译：传译四夷之言者。从言，睪声。

翻译成现代汉语，"'翻'，意为飞，形声字，羽为形符，番为声符。'译'指翻译，即将一种语言文字翻译成另一种语言文字的人。形声字，言为形符，睪为声符"[1]。

唐代的贾公彦在《周礼义疏》中指出："译即易，谓换易言语使相解也。"根据当代文学和语言学的学术观点，这句话可以解释为：翻译是在不改变句子原有意思的情况下，将一种语言文字转换为另一种语言表达出来，或用近年流行的术语说，并不变更传递的信息，以达到彼此沟通、相互了解的目的。

翻译家黄龙认为："Translation may be defined as follows: the replacement of textual material in one language by equivalent textual material in another language."[2]

---

[1] 刘军平. 西方翻译理论通史[M]. 武汉：武汉大学出版社，2009:18.
[2] 黄龙. 翻译学[M]. 南京：江苏教育出版社，1987：1.

在这个定义中，内容和形式是一对比较密切的关系，对语言的内容和形式进行准确的转换。从语言的内容和文本入手，试图来分析形式与意义之间的固有关系，将翻译过程量化，希望以此建立一种比较普遍的翻译模式。该定义将翻译的活动纳入一个规范的体系中，使翻译理论更逻辑化、形式化，从而使交际更简单，更利于智能翻译的发展。然而，这一定义也存在某些局限性。例如，翻译具有社会性，但该定义将其定义为一种个体行为，忽视了社会的存在。随着翻译活动的范围逐步扩大，该定义的局限性会更加突出。

翻译家张培基提出：翻译就是一种语言的活动，目的是将一个语言的思想和内容通过这一活动转换成另外一种语言，并且语言的内容应该具备准确、流畅和完整的特点。

张今认为，在两个语言社会（language community）进行交际的活动中，语言起到了手段和工具的作用，翻译的作用就是促进语言社会的全面发展，而且要把现实世界中的逻辑和艺术完全通过翻译的手段展示出来。我们因此可以得出这样一种结论，翻译的特殊文化活动，联结了不同的语言和社会。

（二）国外学者对翻译的界定

18世纪著名学者、作家约翰逊在《约翰逊字典》中对translation的解释是："To translate is to change into another language, retaining as much of the sense as one can."[①] 这一定义是从语用的角度来解释翻译的，大体意思是：翻译就是在尽量保存原意的基础上将一种语言译成另一种语言。

美国著名翻译理论家尤金·奈达将翻译定义为："Translating consists of reproducing in the receptor language the closest natural equivalent of the source language message, first in terms of meaning, and second in terms of style." 这句话的意思是：翻译就是用最贴近、最自然的等值体来复制出源语的信息，其中意义是第一位的，风格是第二位的。这是从意义的层面来对翻译下的定义，翻译的对象就是意义。

雅各布逊提出，翻译是an interpretation of verbal signs by means of some other

---

① 李建军. 新编英汉翻译[M]. 上海：东华大学出版社，2004：4.

language。该定义将翻译扩展到言语符号的层面。他还指出,翻译不仅仅是语义的转换,更涵盖了整个交际系统。

国外翻译研究者,如兰伯特和罗宾对翻译的解释是:"Translation is identical to culture."[①] 他们认为翻译是一种文化,这是从翻译功能的角度进行定义的。这种观点指出翻译是一种跨文化的交际活动,所以它不仅涉及语言的转换,还涉及各种文化因素。语言与文化是密不可分的关系,语言是文化的一部分,文化的差异性又会通过语言反映出来。因此,译者应该在熟悉文化背景的基础上展开翻译活动,这样才能实现语言的准确性。

总之,翻译的定义是较为复杂的,从不同角度可以给出不同的定义。综合来讲,对"翻译"的定义可以从广义和狭义两个角度加以说明。

从广义上说,"翻译"就是语言与语言、语言与非语言之间基本信息的传达和代码的转换。例如,语言与副语言(如副声音、体势语等)之间的转换、语言与语言之间的转换(如将汉语转换为外语或将外语转换为汉语)、语言与电码或数码之间的转换等。

从狭义上说,"翻译"是指用一种语言将另一种语言所表达的内容忠实地表达出来的语言活动。通常,我们在翻译课上讨论的"翻译"就是狭义的翻译。

综上所述可知,从翻译的形式来看,它是不同语言之间的一种转换;从翻译的实质来看,它是一种传达意义的语言活动;从翻译的目的来看,它是通过变更语言形式和克服语言障碍的方式来达到意思交流的一种语言手段。

二、翻译的分类

对于翻译的分类问题,学者们也都发表了自己的见解,下面仅对部分常见的分类进行阐述:

(一)卡特福德对翻译的分类

"英国翻译理论家卡特福德主要从层次、范围以及等级三个角度对翻译进行

---

① Edwin Gentzler.Contemporary Translation Theories[M]. London:Routledge Inc.,1993:186.

了分类。"①

（1）就层次而言，翻译是从语音、语法、词汇、词性等层次上进行划分的，即可以分为完全翻译和有限翻译两种。所谓完全翻译，是指原文中的语音、语法、词汇、词性等都要进行等值的替换。所谓有限翻译，是指将原文仅仅在某一个层次上进行等值替换。

（2）就范围来说，翻译可以分为全文翻译和部分翻译。所谓全文翻译，是指将每一部分原文都要用译文替代。所谓部分翻译，是指有些内容不需要进行翻译，而是直接进行移植。

（3）从等级上看，翻译可以分为直译、意译和逐句翻译。

（二）雅各布逊对翻译的分类

"基于符号学理论，雅各布逊将翻译分为三种：语内翻译（intralingual translation）、语际翻译（interlingual translation）和符际翻译（intersemiotic translation）。"②

（1）语内翻译。语内翻译是针对同一种语言而言的，即使用一些语言符号对另一些语言符号进行阐释，简单而言就是将原作的语言变换说法。

（2）语际翻译。语际翻译是针对两种语言来说的，是用一种语言来解释另外一种语言，这也是人们通常理解的翻译。

（3）符际翻译。也叫作"跨类翻译"，就是对语言符号进行解释时，使用非语言的符号。常见的非语言符号包含手势、图画、音乐、数字等。

这三种分类方法被称为雅各布逊的翻译"三分法"，其对翻译理论的发展产生了重大影响，并且被很多的国内外学者用作翻译划分的参考。

（三）其他学者对翻译的分类

除了以上分类方法，还有一些学者从其他层面对翻译进行了分类。

1. 按照工作的形式

可以将翻译分为笔译（translation）、口译（interpretation）、机助翻译

---

① 刘军平.西方翻译理论通史[M].武汉：武汉大学出版社，2009：139.
② 刘军平.西方翻译理论通史[M].武汉：武汉大学出版社，2009:133.

（machine-aided translation）、机器翻译（machine translation）等。

笔译就是笔头翻译，用文字翻译。

口译可以进一步分为同声传译和连续翻译。

机助翻译是运用计算机进行辅助翻译。

机器翻译又称为"自动化翻译"。

其中，机助翻译与机器翻译是现代语言学与智能科学结合的产物，在未来的某一天有可能替代人工翻译。

2. 按照内容体裁

可以将翻译实践分为文学翻译（literal translation）、非文学翻译（non-literal translation）。

文学翻译比较重视情感内容、文体风格以及修辞特征的表达，如小说、诗歌、戏剧、散文等。

非文学翻译又可以称为"实用翻译"，比较重视实际内容的表达，如经贸翻译、科技翻译、公文翻译等。

3. 按照处理方式

翻译实践可以分为全译（complete translation）、译述（translation and review）、改译（revised translation）等。

全译是稍微对情节和体裁做改动，基本将人物和场景原封不动搬到国内。

编译是将翻译与编订结合起来，把所需要的材料选译过来，其所译的原材料可能是一种，也可能是多种。

译述和改译是将翻译与创作结合起来，就文学作品来说，可以增删情节或者改动体裁，如将小说改成戏剧等。

第二节　英译汉的一般技巧

语言包括词汇、句法和语篇，本节将从这几个角度对英汉对比视角下的英语翻译进行阐述。

一、英语词汇的翻译技巧

对词汇进行翻译时需要根据具体的情况选用不同的翻译方法。下面介绍一些词汇翻译常用的方法。

（一）词义引申法

词义引申法是在翻译时根据词的基本释义，结合上下文对词义进行必要的引申与演化，使译文做到忠实于原文。词义的引出主要包含两种情况：抽象化引申与具体化引申。例如：

I have no head for English.

译文：我没有英语方面的天赋。

在这个例子中，文本中的 head 一词不是"头部的意思"，而是这个词翻译成"天赋"。

It is more than transient everydayness.

译文：这远远超出了一时的柴米油盐、衣食住行问题。

本例中，原文中的 everydayness 本义是指"日常的"，这里将其具体引申为"柴米油盐、衣食住行"，符合汉语的语言习惯。

（二）词类转译法

根据上面的论述可以看出英汉两种语言在词类与结构方面都有各自的特点，存在很多差异。因此，翻译时不能采取逐词对译的方法，而应根据具体需要对原文的词进行恰当的转译，使译文忠实于原文，并符合译入语的表达习惯。这一翻译方法就是词类转译法。词类转译法主要包括以下四种情况。

1. 转译为名词

在英汉词汇翻译中，英语中的一些形容词、动词、副词均可以转译为名词。例如：

（1）The wounded were given first aid.

译文：伤员们得到了紧急救治。

（2）Our age is witnessing a profound political change.

译文：我们的时代是深刻的政治变化的见证。

（3）It is officially announced that the unemployment rate will get lower next year.

译文：官方宣传明年失业率会有所降低。

2. 转译为动词

英语中有很多词类。如形容词、名词、副词、介词等在翻译为汉语时，都可以转译为动词。例如：

（1）Success is dependent on his efforts.

译文：成功与否取决于他的努力。

（2）Few words, many deeds.

译文：少说话，多做事。

3. 转译为形容词

英语中的名词、副词在汉译英时可以转译为形容词。例如：

（1）Independent thinking is an absolute necessity in study.

译文：独立思考对学习是绝对必需的。

（2）The President had prepared meticulously for his journey.

译文：总统为这次出访做了十分周密的准备。

4. 转译为副词

英语中的一些名词、形容词、动词，翻译时可转译为汉语中的副词。例如：

（1）The boy in the seat is studying the old woman beside him with interest.

译文：座位上的那个男孩正好奇地打量着他旁边的那位老妇人。

（2）We place highest value on our friendly relations with developing countries.

译文：我们非常重视同发展中国家的友好关系。

（3）She succeeded in persuading her mother.

译文：她成功地说服了她的妈妈。

（三）增译法

增译法是指在翻译时增加一些必要的词汇，以使译文更忠实地表达原文的思想内容，同时又符合译入语的语言习惯。增译法主要有以下两种情况：根据意义需要增译，根据语法需要增译。

1. 根据意义需要增译

根据意义需要增译是指在翻译时,由于文化差异将原文中不易被译文读者所理解的部分或原文的隐含意义,在译文中补充出来,从而更准确地表达原文中的概念。例如:

After the banquets, the concerts and the table tennis exhibitor.he went home tiredly.

译文:在参加宴会、出席音乐会、观看乒乓球表演之后,他疲惫地回到了家里。

2. 根据语法需要增译

根据语法需要增译主要包括以下五种情况。

(1) 增加表示名词复数的词。英语中的可数名词有单数与复数之分,而汉语名词不存在复数变化。因此,英译汉时,需要增加一些表示名词复数的词,如数词、重叠词等来表达。例如:

The lion is the king of animals.

译文:狮子是百兽之王。

(2) 增加动词。在英语中,为了避免信息的重复,常使用并列句和省略句,译成汉语时可以适当地增加汉语动词。例如:

Reading makes a full man; conference a ready man; writing an exact man.

译文:读书使人充实,讨论使人机智,写作使人缜密。

(3) 增加量词。英语中的数词和名词可以连用,之间没有量词,而汉语需要借助量词。英译汉时应增加合适的量词以修饰名词。例如:

A red sun rose slowly from the calm sea.

译文:一轮红日从平静的海面冉冉升起。

(4) 增加概括词。例如:

For mistakes had been made bad ones.

译文:因为已经犯了很多错误,而且还是很糟糕的错误。

(5) 增加表小时态或语态的英语动词的时态和语态是通过动词的词形变化或增加助动词来表示的,在汉语中没有与之相对的表达。因此,英译汉时需要增加汉语中表达相同意义的词。例如：

Contemporary natural sciences are now working for new importance.

译文：当代自然科学正在酝酿新的重大突破。

（四）减译法

所谓减译法，是指在符合译文表达习惯的前提下，将原文有些词省略不译。通常是译文中虽无其词，但已有其意，或是属于可有可无的词翻译出来违背译文的语言习惯的情况。

减译法包括两种情况：根据语法需要减译；根据修辞需要减译。

根据语法需要减译是指翻译时对各种词类和一些特殊句式进行的省略处理。

（1）省略冠词。英语中有冠词，汉语中没有冠词，如果英语冠词表示一类事物，在汉译英时可以省略。例如：

The sun was slowly rising above the sea.

译文：太阳慢慢从海上升起。

（2）省略代词。英语中使用代词的情况要多于汉语，在英译汉时，应根据汉语习惯省略原文中的某些代词，从而使译文表达自然、流畅。例如：

He put his hands into his pockets and then shrugged his shoulders.

译文：他把双手放在口袋里，然后耸了耸肩。

（3）省略介词。英语中有很多介词，而汉语的介词数量相对较少。英译汉时，应注意适当省略介词。例如：

She soon fell asleep with the light still burning.

译文：她很快就睡着了，灯还亮着。

（4）省略连接词。英语中常常使用连接词，而汉语则恰恰相反。因此，英汉译英时通常需要省略连接词。例如：

If winter comes, can spring be far behind？

译文：春天来了，冬天还会远吗？

根据修辞需要减译。原文出于修辞需要会重复一些词语，在翻译时可根据译文表达习惯省略不译。例如：

（1）He speaks quickly, the tone of his voice so commanding that it silences everyone.

译文：他说话很快，语调威严得让每个人都哑口无言。

（2）He continued to order the stale bread—never a cake, never a pie, never one of the other delicious pastries in the showcase.

译文：他仍然只要面包，至于蛋糕、肉馅饼和柜台里其他可口的点心，却从不问津。

二、英语句子的翻译技巧

（一）从句的翻译

英语从句主要可以分为三类：名词性从句、定语从句和状语从句。本书主要介绍了定语从句和状语从句的翻译方法和具体示例。

1. 定语从句的翻译

限定性定语从句和非限定性定语从句是英语定语从句的两个具体类型。下面从翻译的具体例子进行分析和解读：

（1）限制性定语从句的翻译

限制性定语从句的翻译中可以使用以下这些方法：

①前置法。前置法是将限制性定语从句译成带"的"字的定语词组，并将这一定语词组置于被修饰词的前面，这样就将英语的复合句翻译成汉语的简单句。在对简单的定语从句进行翻译时常采用前置法。例如：

Everything that is around us is matter.

译文：我们周围的一切都是物质。

本例翻译时采用了前置法，将 that is around is 译为"我们周围的"，即"的"字结构。

②后置法。假如一个英语定语从句的结构很难进行划分，在翻译时，不好将定语的内容放在前面，可以将定语的内容放在句子的后面，翻译成并列的部分。这主要有两种情况：省略英语先行词，译成并列分句；重复英语先行词，译成并

列分句。例如：

He is a surgeon who is operating a patient on the head.

译文：他是一个外科医生，正在给病人头部动手术。

本例中，对原文翻译时省略了先行词，译成了两个并列的句子，即"他是一个外科医生""正在给病人头部动手术"。

She will ask her friend to take her daughter to Beijing where she has some friends.

译文：她将请朋友把她的女儿带到北京，在北京她有些朋友。

本例中，在翻译原文时，重复了先行词，译为两个并列的分句。

（2）非限制性定语从句的翻译

在翻译非限制性定语从句的过程中，也经常使用前置和后置的方法。

①前置法。前置法就是将英语非限制性定语从句译成带"的"字的前置定语，并将其放在被修饰词的前面。例如：

He liked his sister, who was warm and pleasant.but he did not like his brother, who was aloof and arrogant.

译文：他喜欢热情快乐的妹妹，而不喜欢冷漠高傲的哥哥。

原文中存在两个非限制性定语从句，都译成了"的"字结构，在句子中作前置定语。

②后置法。后置法是将非限制性定语从句译为独立的分句或并列分句。例如：

He had talked to Vice-President Nixon, who assured him that everything that everything could be done would be done.

译文：他和副总统尼克松对谈后，副总统向他保证能够做到的他都将竭尽全力去做好。

在对原文进行翻译时，对先行词"副总统"进行了重复，将定语从句翻译成独立的分句。

2.状语从句的翻译

原因状语从句、时间状语从句、目的状语从句、让步状语从句与条件状语从句是英语状语从句的五个不同类型。下文就开始详细介绍这五个状语从句的内容。

（1）目的状语从句的翻译

目的状语从句有时可译为表目的的前置状语，有时也可译为表目的的后置状语。例如：

We should start early so that we might get there before noon.

译文：为了在正午以前赶到那里，我们应该尽早动身。

在本例中，译文将原文的 so that 引导的目的状语从句译为前置状语分句。

（2）原因状语从句的翻译

原因状语从句通常可以译为表原因的分句或因果偏正句的主句。例如：

The book is unsatisfactory in that it lacks a good index.

译文：这本书不能令人满意之处就在于缺少一个完善的索引。

本例将原文的原因状语从句译为表原因的分句。

Because he was convinced of the accuracy of this fact, he stuck to his opinion.

译文：他深信这件事的正确可靠，因此坚持己见。

本例将原文的原因状语从句译为主句，将原文的主句译为偏句。

（3）时间状语从句的翻译

在对时间状语从句进行翻译时，应结合语境，通过理解其深层含义，选取正确的翻译方法。下面以 when 引导的状语从句为例加以说明。在翻译 when 时间状语从句时，不能拘泥于表示时间的一种译法，而是应该考虑具体的语境，采用合适的翻译方法进行处理。例如：

① He shouted when he ran.

译文：他一边跑，一边喊。（译为并列句）

（4）条件状语从句的翻译

条件状语从句通常可以采取以下译法：译为表"假设"的状语分句、译为表"条件"的状语分句、译为"补充说明"的状语分句。例如：

① If the negotiation between the rich northerly nations and the poor southerly nations make headway, it is intended that a ministerial session in December should be arranged.

译文：要是北方富国和南方穷国之间的谈判获得进展的话，就打算在 12 月份安排召开部长级会议。(表示"假设")

② He is dead on the job Last night.If you want to know.

译文：他是在干活时死的，就是昨晚的事，如果你想知道的话。(补充说明)

（5）让步状语从句的分析

让步状语一般翻译为"尽管"或"即使"，常使用的连词有 though, even if 等。让步状语从句一般有两种译法，一种是译成表示让步的分句，如"虽然……但是……""尽管……"等；另一种是译成条件句。例如：

① Although there are many stronger and larger animals in nature than human beings, the ability that human beings master is ultimately incomparable to other creatures: the ability to think.

译文：虽然大自然中比人类强壮和庞大的动物比比皆是，但人类所掌握的能力终归是其他生物所不能比拟的，那就是思考的能力。(表示"尽管")

② No matter how long the monkey stretches its arm, it is impossible to pick up the moon in the water.

译文：猴子不管如何伸长手臂，都无法捞起水中的月亮。(表示前置的条件)

（二）长句的翻译

由于英语重形合，因此英语中有很多长句。长句的翻译常采取以下两种方法：

1. 顺序法

当原文中长句的表达顺序与目的语的表达顺序一致时，翻译时一般以按照原文的顺序将其翻译成相应的目的语。这种翻译方法就是顺序法。需要注意的是，顺序法并不意味着每个词都按照原句的顺序翻译，而应根据具体需要灵活变通。例如：

If she had long lost the blue-eyed. flower-like charm. the cool slim purity of face and form, the apple-blossom coloring which had so swiftly and oddly affected Ashurst twenty-six years ago, she was still at forty-three a comely and faithful companion, whose cheeks were faintly mottled, and whose grey-blue eyes had acquired a certain fullness.

译文：如果说她早已失掉了那蔚蓝色眼睛的、花儿般的魅力，也失掉了她脸庞和身段的那种玉洁冰清、苗条多姿的气质和那苹果花似的颜色——二十六年前她的花容月貌曾那样迅速而奇妙地影响过爱舍斯特，那么在四十三岁的今天，她依旧是个好看而忠实的伴侣，虽然两颊淡淡地有些斑点，灰蓝色的眼睛也有些鼓溜溜的模样。

在本例中，由于英汉逻辑顺序在表达上一致，因此在对原文进行翻译时，采取了顺序法，按照原文的顺序译出。

2. 逆序法

很多时候，英语长句的表达与汉语表达相同意思的句子在表述顺序上存在很大的不同，有时表达顺序甚至完全相反，翻译时需要采取逆序法，逆着原文顺序从后向前译。例如：

There is no agreement whether methodology refers to the concepts peculiar to historical work in general or to the research techniques appropriate to the various branches of historical inquiry.

译文：所谓方法论是指一般的历史研究中的特有概念，还是指历史研究中各个具体领域适用的研究手段，人们对此意见不一。

通过阅读上例可以看出，译文采取了逆序法进行了翻译，符合汉语的表达习惯。

（三）语篇的翻译

语篇的翻译应以词和句子的翻译为基础，注重语篇的连贯性，语篇段内的连贯性、段与段之间的连贯性以及篇章语域等。具体而言，语篇翻译应注意以下两个方面：

1. 语篇衔接

衔接，即上下文的连接，可以使语义连贯、行文流畅。在语篇语言学中，衔接是语段与语篇的重要特征。衔接对语篇翻译十分重要。衔接是否恰当对读者是否理解和接受语篇信息或话题主旨起着关键性的作用。

在具体的语篇翻译实践中，译者首先应对原文语篇有一个正确的理解，然后采用恰当的衔接手段将句子与句子、段落与段落之间组织起来，从而组成一个完整或相对完整的语义单位。如有必要，可对原文中的衔接方式进行转换。例如：

That night he sat alone during dinner, carefully, he late told us, not to "get in love's way." But he glanced often in our direction, and we knew he was not alone

译文1：那天晚餐时，他一直独自坐着，小心翼翼地，后来他告诉我们，那是为了"不妨碍别人谈情说爱"。可是他不时朝我们这边瞟上一眼，我们知道他并不孤独……

译文2：那天晚餐时，他一直独自坐着，尽量"不妨碍别人谈情说爱"（那是他后来告诉我们的）可是他不时朝我们这边瞟上一眼，我们知道他并不孤独……

在本例中，英语原文的两句话是通过 but 这一连接词来连接的，且"he late told us"是一句插入语。翻译时，应进行恰当的处理，否则会影响读者理解语篇中的前后两个句子。

译文1直接按照原文语序进行翻译，从字面上来看是不存在问题的，但是会让读者认为"he glanced often in our direction"的动作是后来做的动作，从而产生一定的混乱。

译文2的翻译则是将原文的插入语放入括号中，这样的处理方式可以加强前后两句之后的联系，且易于读者理解。

2. 语篇连贯

衔接是通过词汇或语法手段将语篇上下文连接起来；而连贯则是在信息发出者与信息接收者相互了解的前提下，通过逻辑推理方式使语篇的语义连贯起来。因此，可以说，衔接是篇章的有形网络，连贯是语篇的无形网络。

在对语篇进行翻译时，译者应将句内、句间或段间的关系充分表达出来，理解原文语篇的意义与题旨，体会上下文的连贯意义，从而提高译文的质量。例如：

Bertha Manson is mad;and she come of a mad family—idiots and maniacs through three generations!Her mother, the Creole, was both a mad woman and drunkard!As found out after I had wed the daughter; for they were silent on family secrets before Bertha, like a dutiful child, copied her parent in both points.

译文：伯莎·梅森是个疯子，她出生于一个疯子家庭，三代都是白痴和疯子。

187

在我娶她之前,他们家对这个秘密一直是守口如瓶。结婚以后我才发现,她的母亲,那个克里奥耳人,原来既是一个疯女人又是一个酒鬼!伯莎像个孝顺的孩子,在这两点上和母亲一模一样。

在这个例子中,翻译出来的文本之间的逻辑是非常严密的,短语和句子之间的关系非常的紧凑,时间上的顺序也很合理,原文的内容和主题也够非常的明显。

衔接是语篇的外在形式,连贯是语篇的内在逻辑联系。只有外在形式与内在逻辑统一起来,才能组成语篇。就语篇翻译而言,译者首先要理解原文,在此基础上了解原文作者是如何运用衔接手段来达到语篇连贯的,保证衔接与连贯的一致性,借助形式表达与逻辑表达达到准确转换英汉语言的目的。

第三节　英译汉文化差异的弥合

英汉文化的对比涉及方方面面,这在本书的第一章已经作了简单的阐述。本节着重从节日、典故这两个角度来分析英汉对比视角下的英语翻译。

一、典故翻译

由于英语典故来源多样,同时蕴含着丰富的历史文化,因此对英语典故进行翻译并非易事。下面就根据英汉典故的特点,对其可以使用的翻译方法进行总结分析。

典故承载着厚重的民族历史,凝结着独特的民族智慧,大都形象而生动,辞约而义丰。因此,在翻译典故时,要保证意义传递真实,同时还要尽量考虑使其保持原来的民族性、形象性。具体的翻译方法主要有以下五种:

(一)直译加解释法

直译的方法有时候并不适合在英语典故中使用,因为一旦直译过来,句子就会产生生硬和拗口的现象。我国的读者也就很难了解典故背后的故事。但是如果使用意译的方式,原来文字中的押韵和风格也很难维持。在这种情况下,可以在翻译的过程中,使用直译和解释法结合的方式。这样不仅可以保持其原有的形象和风格，还可以让读者理解其潜在的意义。例如：

There is no rose without a thorn.

译文：没有不带刺的玫瑰。（世上没有十全的幸福；有乐必有苦）

（二）直译联想法

在英汉两种语言中，有许多典故的含义或比喻意义基本相同，但是表达方法却差异很大，这是由英汉两民族的文化差异造成的。对于这种情况，就可以使用直译联想法进行处理。所谓直译联想法，是指直译原文而得出的译文容易使译文读者联想到他们所熟悉的典故。例如：

（1）Bad workmen often blame their tools.

译文：拙匠常怪工具差。（联想：不会撑船怪河弯）

（2）He who laughs at crooked men should walk very straight.

译文：笑别人驼背的人得自己首先把身子挺直。（联想：己不正，不正人）

（3）It's a long lane that has no turning.

译文：路必有弯，世上没有直路。（联想：事必有变，瓦片也有翻身日）

（三）意译改造法

英汉语言中，有许多差别仅在于形象和风格上的典故，它们的意义大致相同，所以翻译的过程中，只需要简单地改动一下，就能达到准确翻译的效果，并且也能保留原文的用法。例如"One swallow does not make a summer."这句英语句子直接翻译过来就是：一只燕子的出现不能说明夏天快要来了。汉语里没有完全和这个句子意思一样的内容，但谚语中也有含义相近的表达，比如"一花不是春"或"独木不成林"等。因此，可以采用意义加改造的方法将其译成"一燕不成夏"。再如，smoke without fire 无火不起烟（来自"无风不起浪"）等。

（四）对联增字法

汉语的谚语中有多样的形式表达，对联的上联中一般着重对形象进行描绘，下联则开始表达实际的意义，比如"棋逢对手，将遇良才""路遥知马力，日久见人心"等。英语的谚语翻译存在一定的难度，在表达的过程中很难使用简洁的词语将内涵说明清楚，如果在谚语中添加一些词语，可能效果会产生明显的不同。例如"Great men are not always wise"，直译是"伟大的人也会有不聪明的时候"，其实它的含义是"再聪明的人也有糊涂的时候"。如果在谚语中增加一些字，可能会有更好的翻译效果，可以翻译成"人有失手日，马有失蹄时"或"老虎也会打盹，好马也会失蹄"或"智者千虑，必有一失"。再如：

（1）Good news comes apace.

译文：好事不出门，坏事传千里。

（2）He who keeps company with the wolf will learn to howl.

译文：近朱者赤，近墨者黑。

（五）等值互借法

等值互借法也可以用在典故的翻译过程中，适用于英汉文化中内涵、风格和意义都非常相似的典故。Walls have ears. 就和汉语中传统的"隔墙有耳"说法非常近似，这样的翻译方式不仅能够保留英语典故中原有的内涵和意义，也能够符合汉语的传统表达方法。下面都是使用等值互借法的例子。例如，

（1）Among the blind the one-eyed man is king.

译文：山中无老虎，猴子称霸王。

（2）Great minds think alike.

译文：英雄所见略同。

（3）Like father, like son.

译文：有其父必有其子。

（4）Where there is a will, there is a way.

译文：有志者事竟成。

二、节日翻译

英汉节日文化在起源、根源、庆祝方式、重要节日、习语表达等方面都具有很大的差异。因此，译者在对英语节日文化进行翻译时要合理使用不同的翻译方法，从而准确传达原文的文化内涵。由于节日文化的内容十分丰富，限于篇幅，

这里主要针对英语节日名称、文化词的翻译展开分析。

（一）节日名称

如前所述，西方节日多与宗教文化相关，带有浓厚的宗教色彩，因此在翻译时可以采取直译法，确保宗教信息的准确传达。例如：

Valentine's Day 圣瓦伦丁节（情人节）

April Fools Day 愚人节

Easter Day 复活节（基督教徒庆祝耶稣复活）

Thanksgiving Day 感恩节

（二）节日文化词

英汉节日文化之间的差异导致节日文化词存在语义空缺、文化空缺等现象，在翻译这些节日文化词时要灵活采用合适的翻译方法，如意译、直译＋意译等。下面来看一些具体的翻译，如表 7-3-1 所示。

表 7-3-1　英汉节日文化词互译

英语节日文化词	汉译	汉语节日文化词	英译
Turkey	火鸡	孔明灯	kongming lantern
Santa Claus	圣诞老人	粽子	zongzi/traditional Chinese rice-pudding
Christmas stocking	圣诞袜	贴春联	Pasting Spring Coupletsand Pictures
pumpkin pie	南瓜派	赛龙舟	dragon boat racing
Easter Bunny	复活节兔子	腊八粥	la ba porridge
Christmas tree	圣诞树	花灯	festive lantern
Halloween parade	万圣节游行	饺子	jiaozi/dumpling
Santa's hat	圣诞帽	月饼	moon cake

中西方节日文化词在翻译过程中需要灵活处理。当某一个文化词本身所含有的文化背景知识比较强烈时，需要采取意译、套译、直译＋意译等方法，力求最

大限度地体现出该词本身所含有的文化内容。另外，从上表中也可以看出这样一个现象，即随着中国国际地位的提升，中国文化逐渐得到了西方群众的认可，如"饺子"以前经常译为 dumpling，但现在更被人熟知与认可的则是 jiaozi，"粽子"一词以前被翻译为 traditional Chinese rice-pudding，但现在人们经常看到的译法则是 zongzi。

（三）节日习语

对于英语习语的汉译而言，可采用直译、意译、套译、释译等方法进行翻译。下面来看几个典型的例子。

talk turkey 直截了当地说；谈论正经事（释译法）

as poor as Job's turkey 一贫如洗（意译法）

He loses nothing that loses no God.

有上帝就有一切。（直译法）

The danger past and God forgotten.

过河拆桥。（套译法）

The pumpkin has not turned into a coach.

南瓜未变成马车；许愿已落空。（直译+释译法）

第四节 英汉比较在英语翻译教学中的应用

《大学英语教学大纲（修订本）》中提出了对学生学习能力的要求："学生具有较强的阅读能力和一定的听、说、读、写、译的能力。"此外，还有对翻译技能水平的具体规定。然而，在大学英语课程的学习中，这五种能力的发展是非常不均衡的，对阅读和听力（输入）的能力要求较高，对口语、写作和翻译（输出）的能力要求则比较低。有很多大学生即使通过了大学英语的四级和六级考试，他们的英语翻译水平也没有得到相应的提高。翻译原本应该在大学英语的课程内容中占有很大的比重。但是在各种因素的影响下，翻译在大学生英语课程中没有得到足够的重视，结果是目前大学生的翻译水平没有达到相应的水平。翻译是将一种语言的文本表达成另一种语言的过程，以便母语不同的人可以通过对原文的转换来表达他们的想法。因此，英汉比较分析在英语翻译的教学和实践过程中是非常重要的一个环节。通过比较学习两种语言的特殊性，我们可以在翻译的过程中可以有意识地利用这些特殊性，也可以对翻译中的难点进行关注，认真探索怎样更好地利用语言的形式对文本的内容进行转换。

一、英语翻译教学中引入英汉对比的必要性

全国大学生四、六级考试中翻译的题型出现了变化，新的变化给学生提出了新的挑战，从前的题型只注重考察学生的基本知识，现在较为注重考察学生的深层次知识。其他专业的学生在翻译方面有很多的问题和不足，经常会出现很多的拼写错误、词汇错误、句法错误、语法错误。学生的词汇量不能达到翻译所要求的最低标准，不能很好地将时态、语态的内容翻译出来，也分不清楚句子的层次，合并和断句的处理也不是很到位。吕叔湘先生说过："我相信，对于中国学生，最有用的帮助是让他认识英语和汉语的差别，在每一个具体问题词形、词义、语法范畴、句子结构上都尽可能用汉语的情况来跟英语做比较，让他通过这种比较得到更深的体会。"[①] 目前，因为其他专业的学生在总的课时数量上受到一定程度的限制，所以也就无法给他们开始专门的翻译课程，教师应该在讲解课文的过程中穿插进英汉对比的内容，帮助学生发现汉语和英语的根本不同，深入了解原文的内容，更好地掌握翻译的技巧。

二、英汉对比在翻译教学中的应用

教师应该在日常的教学中，经常使用一些基本的英汉对比理论讲解词汇和句子的内容，在对比中掌握翻译的方法和技巧。

（一）词汇

It is a charming scenic spot with numerous old bridges, hotels and restaurants of Chinese style.

---

① 吴得禄.英汉语言对比及翻译研究[M].成都：电子科技大学出版社，2016:29.

译文：这是一处迷人的地方，有很多古桥、中式旅馆和餐馆。

这个例子的原文中的"有很多"应该归类为动宾结构，"有"是一个动词，但是此处的"有"和汉语中的"拥有"不是一个意思，因此在翻译的过程中不能使用英语的动词"have"，而是要体现出"伴随"着这个地方的意思，所以，使用"with"是最合适的。在汉语的句子结构中，句子和单词在翻译的过程中不用关注它们之间是否有对应的关系，汉语的单词没有形态上的变化，句子的作用也没有明显地区分。在翻译过程中，需要厘清汉语句子中的逻辑关系，这种语义上的关系通常不容易被发现，然后再利用英语中的形态变化将具体的翻译内容表示出来。

In the past more than 1,000 years, the water system and life style in Wu-zhen has experienced few changes, which is a museum unfolding the ancient civilization.

译文：在过去的1000多年里，乌镇的水系和生活方式并未经历多少变化，是一座展现古文明的博物馆。

"在过去的1000多年里"属于时间状语，这一时间状语表明了第二个逗号前的句子应该使用什么时态，第二个逗号之后的句子是对当前内容的描述，表达时要使用一般现在时，一个整句中的所有短句，主语都是乌镇，所以在连接后面句子时直接使用which即可，"古文明"属于定语的成分，怎样更好地翻译出来，是一个难点，我们可以将这个句子进行拆分，或者用非谓语动词作定语的结构，由逻辑主语主动发出并与谓语动词同时发出的原则选取doing作定语，译成unfolding the ancient civilization 的后置定语即可。在英汉对比翻译的过程中，教师可以对英汉词语在类型、语义范畴、形态变化、词性、分类等内容的不同。

（二）句子及语篇结构

1. 形合和意合

句子中的形合，是指在衔接词语或分句时，使用连接词或关联词进行衔接，意合指的在衔接词语或分句时，主要使用词语和语句之间的内在逻辑进行衔接。从大方向上来说，汉语侧重于意合，英语侧重于形合。因此，在翻译的过程中，掌握形合和意合的转换和衔接是非常重要的。从英语翻译到汉语的过程中，最好使用以神统形的方法，在保证不造成语义误会的基础上，可以使用以意统形的方法，连接手段也应该从显性向隐性转变。例句：If winter comes, can spring be far behind？最合适的翻译应该是：冬天来了，春天还会远吗？英文中的"If"体现了从句与主句的关系，也就是"假设——判断"的关系。而在翻译为汉语的过程中，"If"却没有体现为句子中的连接词，但是并不觉得缺少了什么内容，反而更加符合汉语的表达习惯。相反，从汉语的内容翻译为英语时，我们应该先分清楚句子中结构之间的关系，确定句子之间的结构是什么类型的关系，属于并列关系还是偏正关系，最后使用最为合适的关联词，将句子的不同结构使用合适的关联词连接起来，并使用关联词将句子中隐含的联系外显出来。例句：施恩勿记，受恩勿忘。该句用英语表述则是：If you confer a benefit, never remember it; if you receive one, remember it always. 在英语的译文中，又增加了两个连接词"If"，从而显示从句和主句之间的关系是条件和结果，从而将汉语句子中隐藏的结构外显出来。

2. 主语显著与主题显著

英语一般属于具有主语显著（subject — prominent）特点的语言，而汉语则属于主题显著（topic — prominent）特点的语言。在英语的结构中，句子的基本结构就是主语和谓语，句子的主谓结构非常容易识别。而汉语的结构中，句子的基本结构主要体现为主题与述题的关系，这样的关系取代了主语和谓语的关系。在实际的翻译过程中，应该对比英语的主语和谓语结构与汉语的主题和述题结构，从而更好地指导学生的翻译实践。在将英语翻译为汉语的过程中，要及时进行句子结构关系的转换，利用汉语的主题与述题结构将英语句子中隐藏的关系更好地表示出来；在将汉语翻译为英语的过程中，将汉语的主题与述题结构转换为英语的主谓句。

3. 有灵主语与无灵主语

英语大多使用物体作为句子的主语，侧重于"什么事情发生在了人的身上"，这样的主语叫作"无灵主语"，而汉语中则经常将人作为句子的主体，侧重于"什么人的身上发生了什么样的事"，这样的主语叫作"有灵主语"。说英语的人更喜欢以物为本的思维方式，即把自然作为句子和表达中的中心。而中国人则习惯于更加主观的方式，即他们以人为中心开始对事物的研究。这就是为什么中国人经常把人作为句子中的主语，因此如果对人的称呼有了需要，就使用"人""大家"等主语，这些主语就代表着泛指意义上的人。因此，对英语和汉语的句子进行翻译的过程中，学生可以对句子的主语进行灵活地调整，最终的目的是让翻译出来的文本更加符合语言的使用习惯。例句：Losing their leadership took their battle away. 译文 1：失去了他们的领导把他们的战斗也带走了。译文 2：他们失去首领以后便丧失了斗志。第一个译文没有从汉语的思维方式进行思考，而是使用英语的习惯表达进行翻译，翻译出来的汉语带有明显的英语特点，表达起来非常的不自然。第二个译文更加符合汉语的表达习惯，最根本的区别就是主语的不同，后者的主语使用的是汉语的有灵主语。

4. 主动态与被动态

英语的句子通常是被动的结构，而汉语在句中经常使用的是主动的结构。这是由于英国人在生活中经常使用的是客观的思维，而中国人倾向于使用主观的思维和看法，这就导致了两种语言在表达的手段上经常存在区分：英语的表达通常以物为中心，倾向于使用不能自己行动的词语或无生命的事物作为句子的主语，讲述内容的方式更加客观；汉语以人为中心，倾向于使用人或有生命的物体作为句子的主语，以人作为叙述客观事物的中心。因此，英语对主动和被动的类别进行了明确的区分，并在句子中经常使用被动的语态。而在汉语中，主体还是一个句子的根本，形式不是句子中最为主要的内容，句子的语态也是以间接的方式进行的。因此，不管是在使用口语还是在使用书面语言的时候，我们在将汉语翻译为英语的过程中要更丰富地使用一些被动的语态，但将英语翻译为汉语的过程中，我们会灵活地将被动语态转换为主动的结构。

例句 1：他坐着她开的车离开了。

译文：He was driven off in her car.

例句 2：如今，有 600 多家电台平日播出他的节目，这些节目一周触及 2000 多万听众的生活。

译文：Today he can be heard weekdays on over 600 radio stations, touching the lives of more than 20 million listeners a week.

要将大学英语四六级的内容翻译好，学生们不仅要翻译好单词和语法的具体表述，还需要对段落中的信息进行巧妙的分割和组合，在翻译的过程中应该注意使用英语的固定搭配和句子结构。因此，教学策略也应该根据句子的结构特点进行调整和使用。除了在大学英语课程中开设选修课之外，教师还应该利用好英语翻译的具体特点，开设深入的翻译技巧专业讲座，并加强实际应用领域的练习，使得学生掌握好翻译的基本原理和基本办法。非英语国家的人不熟悉汉语和英语句子结构之间的差异，翻译的过程中比较死板，通常采用直接翻译的方法，受到母语句子机构和语法的较大影响，缺乏对于句子结构和语法的分析和考虑。因此，在平时的教学和课程中，教师应该先让学生学习句子的基本结构，让学生掌握汉语句子的主要内容和次要内容，在翻译的过程中要考虑好句子的基本结构和合适的词语。此外，学生还能练习一些翻译句子时经常使用的翻译技巧，包括：正反译法、省略、主动与被动转换、词性转换、断句合句、增词减词等不同的方法。只有这样，学生才可以在使用汉语作为母语的环境中，提高使用英语的表达能力，形成英语的思维习惯，最终才能更好地将翻译技巧和翻译的实践结合起来。

参考文献

[1] 秦程.英汉句法对比视角下社科文本中定语从句的翻译策略研究[D].南京：南京信息工程大学，2022.

[2] 时珍珍.英汉动态与静态对比研究及其互译策略[J].作家天地，2022（16）：94-96.

[3] 郑倩怡.英汉习语中的文化差异对比及翻译策略[J].文化创新比较研究，2022，6（14）：46-49.

[4] 张天予.英汉对比视角下开发高中英语词缀专题教学资源——以译林版高一英语模块2Unit3为例[J].海外英语，2022（08）：176-178.

[5] 何洁.情态动词否定的英汉对比[J].汉语国际教育学报，2021（02）：68-82.

[6] 刘巧香.英汉礼貌用语的功能对比研究[J].文化创新比较研究，2022，6（07）：178-181.

[7] 宋冬怡.中西方思维差异对汉译英的影响——基于《边城》汉英文本对比分析[J].名家名作，2022（02）：154-155.

[8] 覃靖.英汉关系结构句法推导的对比研究[J].作家天地，2022（01）：80-82.

[9] 戴洁霞.英语教学初级阶段中英汉对比分析法的应用[J].英语广场，2021（36）：81-83.

[10] 陶强强，田晨旭.基于语料库的英汉情感心理动词时体结构对比研究——以未完整体为例[J].大连大学学报，2021，42（06）：73-81.

[11] 盛辉.新时代英汉翻译教学知识与翻译技巧对比——评《新时代英汉翻译教程》[J].外语电化教学，2021（06）：110.

[12] 程培莉."词汇化"论数：英汉对比视角[J].锦州医科大学学报(社会科学版)，2021，19（06）：108-112.

[13] 杨钰垚.英汉对比视角下大学英语翻译教学的思考[J].海外英语，2021（19）：86-87.

[14] 何莉. 英汉对比视角下大学英语翻译教学的思考 [J]. 学园, 2020, 13 (26): 41-42.

[15] 李晓双. 英汉委婉语对比与英语教学 [J]. 校园英语, 2020 (08): 75-76.

[16] 胡春燕. 英汉句法对比分析视角下高职高专大学英语写作教学策略研究 [J]. 校园英语, 2019 (39): 71.

[17] 韩丽娟. 英汉对比视角下高校英语翻译教学研究 [J]. 北方文学, 2019 (26): 157-158.

[18] 张丽. 英汉对比视角下大学英语翻译教学的几点思考 [J]. 湖北师范大学学报（哲学社会科学版）, 2018, 38 (06): 124-128.

[19] 张文洁. 众里寻"他"千百度——通过英汉两种语言的对比促进英语教学的几点认识 [J]. 当代家庭教育, 2018 (09): 177.

[20] 孙晶虹. 例析英汉对比视角下高中英语词汇教学的教材资源整合——基于人教版模块 5 Unit 1 的教材资源拓展设计案例 [J]. 英语教师, 2018, 18 (13): 117-120.

[21] 于苗. 茶文化语言英汉句法对比分析在大学英语教学中的运用 [J]. 福建茶叶, 2018, 40 (06): 257.

[22] 通过英汉对比改善大学英语教学中的负迁移现象 [C]. 东北亚外语论坛（2017 NO.3）, 2017: 51-53.

[23] 牛宝华. 英汉对比视角下的大学英语翻译教学效果分析 [J]. 疯狂英语（理论版）, 2017 (03): 145-147.

[24] 曾屹君. 探讨高职英语教学中英汉语言对比教学研究 [J]. 科技资讯, 2015, 13 (03): 175.

[25] 王晓俊. 谈英汉对比语言学与大学英语教学 [J]. 河南商业高等专科学校学报, 2014, 27 (02): 92-94.

[26] 朱旭双. 英汉对比视角下大学英语翻译教学思考 [J]. 科技信息, 2014 (04): 241-242.

[27] 赵楠. 英汉词汇理据对比在英语教学中的应用 [J]. 南阳师范学院学报, 2013, 12 (05): 74-76.

[28] 浅谈英语教学中的英汉语言结构对比 [C].Proceedings of 2013 3rd International Conference on Applied Social Science(ICASS 2013) Volume 4，2013：21-25.

[29] 吴琼.英汉应用对比分析视角下的英语基础写作教学 [J].长春大学学报，2012，22（09）：1153-1156.

[30] 王凤.英汉对比视角下的大学英语翻译教学——2011 年 6 月 CET4 翻译题透视 [J].重庆邮电大学学报（社会科学版），2011，23（06）：117-121.